新时期思想政治的理论与实践探究

劳家仁 ◎ 著

吉林大学出版社
·长春·

图书在版编目（CIP）数据

新时期思想政治的理论与实践探究 / 劳家仁著. --长春：吉林大学出版社，2022.6
　　ISBN 978-7-5768-0444-7

Ⅰ.①新… Ⅱ.①劳… Ⅲ.①高等学校—思想政治教育—研究—中国 Ⅳ.① G641

中国版本图书馆 CIP 数据核字 (2022) 第 167452 号

书　　名	新时期思想政治的理论与实践探究
	XINSHIQI SIXIANG ZHENGZHI DE LILUN YU SHIJIAN TANJIU
作　　者	劳家仁　著
策划编辑	殷丽爽
责任编辑	董贵山
责任校对	安　萌
装帧设计	李文文
出版发行	吉林大学出版社
社　　址	长春市人民大街 4059 号
邮政编码	130021
发行电话	0431-89580028/29/21
网　　址	http://www.jlup.com.cn
电子邮箱	jldxcbs@sina.com
印　　刷	天津和萱印刷有限公司
开　　本	787mm×1092mm　1/16
印　　张	11
字　　数	200 千字
版　　次	2023 年 1 月　第 1 版
印　　次	2023 年 1 月　第 1 次
书　　号	ISBN 978-7-5768-0444-7
定　　价	72.00 元

版权所有　翻印必究

前 言

步入新时期,我国社会进入了社会主义新时代,社会主义基本矛盾发生了变化,人民正向着美好生活的目标出发。但人民生活水平的提高不意味着道德素质的提高,相反,全球化浪潮高涨以及社会主义市场经济的发展,导致人们的思想日趋复杂化、多样化,呈现诸多问题。

思想政治教育可以为新时代高质量发展提供新的思想动力,可以为培养新时代的建设者注入思想力量,可以为新时代发展发挥引领方向的作用。因此,必须广泛而深入地开展思想政治教育,通过思想政治教育,使人们不断坚定理想信念,始终保持清醒头脑,清晰地认识到新时期赋予自己的职责与使命,努力拼搏、锐意进取,为实现中华民族伟大复兴不懈奋斗。

中国共产党领导中国人民在百年奋斗中取得了一个又一个胜利,积累了许多宝贵的经验,为中国的进一步发展奠定了基础,提供了启示。现如今,中国已进入新时代,呈现出不同于以往的一些新特征,对思想政治教育也提出新要求。汲取过往的经验,找到对新时期中国发展更有意义的启示,无疑是一项值得探索的工作。

本书共五章,第一章为思想政治教育理论概述,分别从思想政治教育的概念与内涵、思想政治教育的目标与任务、思想政治教育的基本原则以及思想政治教育的理论基础四部分展开介绍;第二章为新时期思想政治教育的发展,主要阐述了三方面内容,分别为新时期思想政治教育的意义、新时期思想政治教育的现状以及新时期思想政治教育面临的问题;第三章为新时期高校思政育人体系研究,重点介绍了高校思政育人体系概述、高校思政育人体系的时代特征与价值以及新时期高校思政育人体系的构建策略三部分内容;第四章为多维度视域下的思想政治教育,主要对"课程思政"理念下的思想政治教育、文化视角下的思想政治教育和新型教学方法下的思想政治教育进行分析。第五章为新时期思想政治教育的实践探究,详细阐述了三方面内容,分别为中华优秀传统文化与思想政治教育相融合、信息技术在思想政治教育中的应用以及"互联网+思想政治教育"的实践探索。

在撰写本书的过程中,作者得到了许多专家学者的帮助与指导,参考了大量的学术文献，在此表示真挚的感谢。本书内容丰富新颖、系统全面，论述深入浅出、条理清晰，但由于作者水平有限，书中难免会有疏漏之处，希望广大同行及时指正。

作者

2022 年 1 月

目 录

第一章 思想政治教育理论概述 …………………………………………… 1
  第一节 思想政治教育的概念与内涵 ………………………………… 1
  第二节 思想政治教育的目标与任务 ………………………………… 5
  第三节 思想政治教育的基本原则 …………………………………… 9
  第四节 思想政治教育的理论基础 …………………………………… 11

第二章 新时期思想政治教育的发展 ……………………………………… 15
  第一节 新时期思想政治教育的意义 ………………………………… 15
  第二节 新时期思想政治教育的现状 ………………………………… 17
  第三节 新时期思想政治教育面临的问题 …………………………… 19

第三章 新时期高校思政育人体系研究 …………………………………… 26
  第一节 高校思政育人体系概述 ……………………………………… 26
  第二节 高校思政育人体系的时代特征与价值 ……………………… 32
  第三节 新时期高校思政育人体系的构建策略 ……………………… 34

第四章 多维度视域下的思想政治教育 …………………………………… 54
  第一节 "课程思政"理念下的思想政治教育 ……………………… 54
  第二节 文化视角下的思想政治教育 ………………………………… 76
  第三节 新型教学方法下的思想政治教育 …………………………… 90

第五章 新时期思想政治教育的实践探究 ········ 105

第一节 中华优秀传统文化与思想政治教育相融合 ········ 105

第二节 信息技术在思想政治教育中的应用 ········ 141

第三节 "互联网+"思想政治教育的实践探索 ········ 152

参考文献 ········ 167

第一章 思想政治教育理论概述

探究新时期思想政治教育的理论与实践，需要对思想政治教育进行全面的了解。本章为思想政治教育理论概述，主要包括思想政治教育的概念与内涵、思想政治教育的目标与任务、思想政治教育的基本原则和思想政治教育的理论基础。

第一节 思想政治教育的概念与内涵

一、思想政治教育的概念

马克思主义是被社会实践证明的科学理论，也是立党立国的根本指导思想，任何时候都要坚持、毫不动摇。因而，思想政治教育也必须坚持用马克思主义理论来分析问题、解决问题。同时思想政治教育隶属于马克思主义理论下的二级学科，但是思想政治教育与马克思主义理论下的其他几个二级学科相比，有其自身的独特性，它包含的内容和具体表现形式与其他二级学科不同，而且它包含的内容和具体表现形式在不同时代、不同国度也是不同的。比如西方国家有思想政治教育这方面的内容和课程，但它们并没有我们所谓的思想政治教育学科，它们称为公民教育，而且教育的具体内容和方式与我们国家是根本不同的。尽管如此，任何一个国家都要对其公民进行思想政治教育，包括政治教育、思想教育、道德教育等。这就说明思想政治教育本身有共通性，内在包含其共同特征，即借助特定的思想观念，道德规范等，以特定的社会成员为对象，对之实施有计划，有目的的影响和教育。

从这一点来看，思想政治教育是培养人们的思想观念和精神素质的活动。它与其他教育本质性的差别在于思想政治教育是针对人的思想和价值观念及其个人的政治素养和道德修养的教育，它的目的不仅仅是引导教育对象掌握和应用知识，而是通过教育对象个体对知识的理解，形成科学的世界观和方法论，具有坚定的信心和良好的道德品质。

二、思想政治教育的内涵

思想政治教育是人类社会一项普遍的社会活动，古今中外，概莫能外。它是某个阶级或者政治集团，为了实现其政治目的，有目的地用一定的政治观点、思想观念、道德规范对其社会成员施加影响，塑造他们的品德，使他们形成符合社会所要求的思想品德并有效指导人们行为的一种社会实践活动。因此，思想政治教育并不是现代社会特有的产物，也不是中国社会独有的教育工作。严格意义上来说，它是人类进入阶级社会后的特有表现形式，是人类阶级社会中的一项时间活动，普遍存在于阶级社会的一切国家和一切历史发展阶段。

（一）思想政治教育的本质及其本质属性

简单地说，思想政治教育是统治阶级为达到思想政治上的统治目的而采取的手段，在不同的历史时期和不同的国家采取不同的教育形式，表现出不同的教育内容。

早在古希腊罗马时期，思想政治教育就成为奴隶主阶级建立理想社会、正义城邦的首要措施。柏拉图在《理想国》中阐述了思想政治教育的理论观点，国家所从事的各项公民教育活动，特别是政治道德方面的教育活动，其最终目的在于建立和巩固一种"理想"的社会秩序，即他所称谓的"理想国"。[1] 而中世纪时期，基督教在意识形态领域唯我独尊，因而各国的统治者都积极支持教会势力的扩张，利用宗教教育进行思想政治教育活动，麻痹民众的反抗意识。

进入到近代资本主义以后，资产阶级国家以宣扬人权为出发点，大力开展思想政治教育，以维护自己的统治，巩固政权。可见，无论是奴隶制、封建制时期，还是资本主义时期，思想政治教育在两方国家的统治中均发挥着重要的作用，是各个统治阶级维护阶级利益的重要工具。

因此，从上述内容分析，思想政治教育的本质是以促进受教育者政治社会化为主要目的的社会实践活动。其中核心主体是统治阶级或政党，受教育群体是社会成员，主要内容是统治阶级、政党的思想意识、价值观念，根本目的是满足社会、本阶级和政党的要以稳定自身的统治地位和实现国家的长治久安。

思想政治教育是上层建筑的组成部分，伴随着阶级的诞生而出现，因此政治社会化是思想政治教育的本质属性，在思想政治教育中具有贯穿性，是古今中外一切思想政治教育的共性。一方面，思想政治的其他属性无不从属或衍生于政治社会性。在阶级社会里，思想政治教育一直都有强烈的阶级性和意识形态性，是政治性和科学性的有机统一，作为一种实践活动带有强烈的价值分向和目的性。

---

[1] 贺彦凤. 现代西方思想政治教育的特点及借鉴价值 [D]. 哈尔滨：黑龙江大学，2004（6）：22-27.

无论是哪种属性，都衍生于政治社会性这个本质属性。另一方面，政治社会性是思想政治教育区别于其他教育活动的特有属性。一些其他学科和其他方式的教育内容虽然也有内含政治内容和政治教育，但目的在于科学文化教育，侧重的是创新能力的培养。

（二）我国思想政治教育的发展历程

我国历来比较重视思想政治教育，有着思想政治教育的优良传统。传统的儒家思想是我国古代思想政治教育的主要内涵，三纲五常、"罢黜百家、独尊儒术"等治国理念都带有明显的政治统治色彩，构成了中国古代思想政治教育的主要内容。近代中国的思想政治教育是伴随着中国近代史上的系列变革和革命而进行的，一批有识之士和知识分子通过理论宣传、社会行动向广大人民群众传播新思想和进步思想，其中就包括了政治观点、政治主张或政治纲领。这为中国共产党传播马列主义、创立中国共产党思想政治教育奠定了基础。中国共产党建立以后，始终坚持将思想政治工作作为其他一切工作的生命线。思想政治工作的首要任务就是用马克思主义中国化最新理论成果武装全党、教育人民群众，这是中国共产党带领全国各族人民进行革革命、建设和改革中得出的可贵的经验，是对思想政治工作的重要作用的高度概括。

思想政治教育是我们党的政治优势和优良传统，是我国革命取得胜利和社会主义建设顺利进行的重要保证。随着改革开放的深入发展和社会主义市场经济体制的建立，随着现代科学技术分化、综合的发展，思想政治教育面临开放的环境，全球化的背景和文化多样性，这些都给我国思想政治教育带来前所未有的挑战和冲击。近年来，思想政治教育呈现学科化和专业化的发展趋势，作为一门学科为越来越多的学者关注和研究。可见，我国的思想政治教育逐渐从实务的教育工作演变成一门专业和学科，向科学化迈进了坚实的一步。

（三）思想政治教育的特性

思想政治教育具有以下几个方面的特性。

1. 导向性

任何时候都必须要坚定正确的政治方向。思想政治教育的实效性需要科学的理论指导，因此要坚持马克思列宁主义、毛泽东思想和中国特色社会主义理论体系的指导；坚持中国特色社会主义道路和共同理想；坚持中华民族振兴与共产主义理想。

2. 群众性

无产阶级政党的群众路线决定了思想政治教育具有群众性这一特征。思想政治教育面向的是全社会所有的人员，只有全力开展思想政治教育才能动员群众。无数的历史经验告诉我们党和国家的发展离不开人民群众，一切为了群众，一切依靠群众，从群众中来，到群众中去的党的群众路线就是思想政治教育群众性这一特征的体现。

3. 渗透性

任何教育都不能浮在表面，思想政治教育也不例外。成功的思想政治教育像春雨一般，具有"随风潜入夜，润物细无声"的渗透性，能够让受教育者把思想政治教育当作像每天吃饭睡觉一样必不可少的事，是自己按照自己的意愿和愿望在选择并实施的事。为了能够提高业务水平、树立正确的世界观、做到理论联系实际从而更好地解决问题，就必须要把思想政治教育渗透到业务工作中去、渗透到社会交往中去、渗透到日常生活中去，只有这样才能够最大程度地发挥思想政治教育的作用。

4. 综合性

思想政治教育的综合性主要体现在教育目标的综合性、教育内容的综合性、运用方法的多样性和灵活性以及知识借鉴的丰富性这四个方面。教育目标的综合性是因为思想政治教育的目标必须要适应党的教育方针所规定的培养目标。

新时期思想政治教育已逐步形成了"德育为先、全面发展"的综合目标体系。同时思想政治教育的目标还必须适应人的全面发展的要求，人的全面发展的目标就是人的全面素质提升的目标，因此思想政治教育应该设计相应的教育任务，形成系统的、具体的综合教育目标。教育内容的综合性体现在思想政治教育的内容包括科学世界观教育、政治观教育、人生价值观教育、道德观教育、法治观教育以及心理健康教育。这些内容结合在一起才组成完整的思想政治教育，缺一不可。思想政治教育方法的多样性就是在实践中运用方法的灵活性。一把钥匙只能开一把锁，因此具体情况就应该具体分析。为了完成教育任务，达到教育目的，教育者应该按照实际情况而变换不同的方法，这样才能达到预期的教育效果。知识借鉴的丰富性则是体现在思想政治教育在实践中为了能够在某一层面进行深刻的分析，从而吸收和借鉴其他学科的知识。但是在借鉴丰富知识的同时一样要保证思想政治教育自身的主体地位，不能主次颠倒，否则就是违背借鉴其他学科的初衷了。

（四）思想政治教育的基本功能

思想政治教育能够保证正确的政治方向。思想政治教育能够通过中国特色社会主义共同理想教育使人们懂得只有社会主义才能救中国，只有中国特色社会主义才能发展中国，这是坚持正确政治方向的根本。思想政治教育通过组织人民群众学习和掌握马克思主义理论的基本内容，从而认同和坚持中国共产党制定的政治方向，这是坚持正确政治方向的基础。思想政治教育通过中国近现代史教育和国情教育，让人民群众清楚地意识到中国共产党始终都是中国革命和建设事业的领导核心，这是坚持正确政治方向的保障。

思想政治教育能够培育和弘扬社会主义核心价值观。因此社会主义核心价值体系和核心价值观既是思想政治教育的指导思想，也是思想政治教育的重要内容。思想政治教育贯穿于培育和践行社会主义核心价值观的全过程，并为其提供方法和载体保证。

思想政治教育能够增强民族凝聚力。实施思想政治教育可以增进民族团结，培育民族精神，激发人们的爱国情怀，将心中潜在的思想力量转变为自觉的价值追求。

思想政治教育能够构建精神家园。文化是民族的血脉，是人民的精神家园。精神家园的形成和巩固是传统文化、中国特色社会主义文化和外来文化共同作用的结果。思想政治教育可以通过丰富精神文化生活、引领价值取向、巩固文化信仰来解决人们的思想问题，形成共同的价值追求，构建中华民族共有的精神家园。

第二节　思想政治教育的目标与任务

一、思想政治教育的目标

思想政治教育说到底是为国家和社会培养所需要的人才，新时代青年需要有为民族复兴而奋斗的信仰，要有深厚的家国情怀，还要有责任担当，更要有坚定的恒心和毅力，来守护、建设我们的国家和民族。

（一）培育立志民族复兴的引领者

党的十九大报告明确提出：要以培养担当民族复兴大任的时代新人为着眼点[①]。民族复兴是全党全国各族人民的共同理想，更是青年一代应该牢固树立的远大理想，也是新时代思想政治教育工作的方向指引和价值遵循。因此，思想政治教育要致力于培育立志民族复兴的时代引领者。

青年是民族的传承与国家的希望，思想政治教育的目标就是要促使新时代受教育者传承中华民族的优秀基因，增强民族自豪感和国家荣辱感，树立远大的志

[①] 习近平. 决胜全面建成小康社会夺取新时代中国特色社会主义伟大胜利——在中国共产党第十九次全国代表大会上的报告[M]. 北京：人民出版社，2017.

向与抱负，以国之昌盛、民族复兴为己任。树立崇高的理想信念就是要受教育者通过不断的实践改造与自我反思，净化思想杂质，摒弃低级趣味，抵御腐化堕落思想，从局限于自我利益的思维中解放出来，拓宽眼界、提高层次，以优秀民族传承者的角度来不断修正自己的品格、提高自身的能力和水平。

当前中国经济已由高速发展转向中高速发展，面对发展动能不足，中国社会急需"突破关键核心技术"[1]，大力提升自主创新能力。因此，实现民族复兴，新时代受教育者要具备敢为人先、大胆创新的首创精神，在实践锻炼中不断地革新自己的思维想法，把完善职业技能与国家前途发展紧密结合起来，抓准提升方向，勇创一流，争做时代先锋。

（二）培育深厚家国情怀的守护者

心中装着家国与要守护的人民，我们的心胸才会更加开阔，才能有高尚的追求，也才能在披荆斩棘中爆发出自身的无限潜能。因而，思想政治教育要让受教育者在不断的实践历程中厚植家国情怀，培养出与脚下这片土地的感情。

要让受教育者爱祖国、爱人民，首先受教育者要关注人民、了解人民，不能嫌弃人民、轻视人民。这就需要受教育者走进基层、走进人民，与人民多交流、多联系，将自己融入他们之中，培养出与人民深厚的感情，在对他们进行全面了解之后，明白他们的局限，也要发掘出他们的力量，坚持马克思主义历史观，要公正地做出对人民的评价，而不能轻易地去鄙视基层大众。受教育者在服务人民的同时也要增强自身的责任感和使命感，要守护好身边人民，要关心他们的所急所需，关心民生问题，把自己的人生理想与为人民谋福祉统一于国家建设之中，发扬共产党人的初心使命作风。

（三）培育勇担时代责任的奋进者

当今世界正面临百年未有之大变局，国家发展面临的不稳定性和不确定性因素增多。面对风云变幻的国际国内形势，受教育者需要有更强的责任担当意识，勇于面对时代挑战，以临危不惧的勇气与锐意改革的智慧于乱局中开新局，于危机中育新机，为实现中华民族伟大复兴积极贡献力量。

建设中国特色社会主义伟大事业、实现中华民族伟大复兴的道路上必将充满了艰难险阻，也会遭遇到各种突发事件的冲击。因而，立足新时期，受教育者需要拥有更大的勇气、更强的应变能力，面对新常态、新问题，需要拿出更大的魄力来破解时代抛给的难题。同时也需要其具备集体精神和公共服务意识，面对重大灾害、疫情等威胁到人民生命财产安全的危难情形，要勇于挺身而出、奉献自己，

---

[1] 引自习近平在主持召经济社会领域专家座谈会上的讲话 [N]. 人民日报，2020-08-24.

团结一心共渡难关。

新时期，受教育者更要能审时度势，顺应时代发展潮流，懂得祖国和社会的当下所需。就是要关注社会，关注科技发展，根据自己实际情况明确奋斗目标，将自身能力与社会所需做对比，通过不断地学习修炼使自身各方面达成社会的要求，做一名合格的社会主义接班人。

（四）培育坚定毅力恒心的建设者

中国梦是我们中华民族终究要面对的任务，它给予了我们抬起头的勇气，同时更需要我们以坚定的毅力恒心去实现它。它与中国特色社会主义伟大实践一道，需要千千万万的中华儿女去为它而奋斗、为它而努力。青年学生作为实现伟大中国梦的中流砥柱，更需要拥有务实的精神、坚毅的品质。

中华民族的伟大复兴绝不是靠轻轻松松、敲锣打鼓就能实现的，需要我们脚踏实地、一步一个脚印去苦干、实干，去迎接前进道路上的磨难挑战。青年学生作为中国梦的传承人，更需要有主动作为、自强不息的精神品格，在实践历程中去锻炼自己吃苦耐劳的作风。

二、思想政治教育的任务

意识形态领域的较量是国际竞争的重要维度，不断增强意识形态的凝聚力和竞争力是赢得国际竞争主动权的重要前提。习近平总书记始终重视意识形态工作，提出了"举旗帜、聚民心、育新人、兴文化、展形象"五大使命任务[1]，为新时期思想政治教育工作提供了基本遵循和根本任务。

（一）在高举旗帜中坚守中国特色社会主义正确方向旗帜引领方向

旗帜决定命运。中国特色社会主义进入新时代，中国发展面临的机遇和挑战前所未有，各种思想文化交流交融交锋更为激烈，在这种情况下，举什么样的旗帜，走什么样的道路显得尤为重要。马克思主义是由实践证明的，能够带领中国人民走向繁荣富强的科学理论和伟大旗帜，中国特色社会主义是中国共产党带领中国人民在艰难探索中找到的正确方向，是历史的选择、人民的选择、实践的选择。事实证明，任何改旗易帜的邪路都是行不通的。只有坚持马克思主义指导思想，走中国特色社会主义道路，才能为中国特色社会主义伟大事业提供方向保证、思想基础和智力支持。思想政治教育工作的重要使命和根本任务就是要说明为什么要高举马克思主义、中国特色社会主义的旗帜，走中国特色社会主义道路，这

---

[1] 孙迎光.新时代中国教育的五大历史使命——举旗帜、聚民心、育新人、兴文化、展形象[J].人民论坛，2019(17)：59-61.

是由思想政治教育的本质决定的。

（二）在凝聚民心中助力中国特色社会主义新实践

聚民心是中国特色社会主义伟大事业的坚实社会基础，是中华民族伟大复兴的磅礴力量。思想政治教育工作要以聚民心为使命和任务，这是由思想政治教育工作的根本性质决定的。

首先，思想政治教育工作从本质上讲，是传播思想政治观念和社会道德规范的实践活动，具有鲜明的政治性。在传播党的方针政策和政治主张中使党的意志深入民心，不断培育人民群众对党的认同。同时，高度重视各类社会思潮的政治意图，在对错误思潮的批判、转化和重构中，为意识形态安全保驾护航。只有牢牢把握聚民心这一使命，党的执政地位才能得以巩固，执政主张才能得以落实，人民群众才能紧紧团结在党的周围。

其次，思想政治教育工作的社会属性要求以聚民心为使命，在形成思想共识中凝聚民心。思想政治教育的社会价值在于对政治、经济、文化、社会、生态等建设起促进作用。这种促进作用通过激发人民群众的精神力量来实现。形成思想共识最根本的是建立对社会主义核心价值观的共识，深入理解社会主义核心价值观的政治逻辑、理论逻辑和宣传逻辑，使弘扬和践行社会主义核心价值观成为思想自觉与社会风尚。只有有效凝聚民心，才能从根本上调动人民群众的积极性、主动性和创造性，激发人民群众参与中国特色社会主义实践的责任感。

最后，思想政治教育工作的人文属性要求以聚民心为任务。思想政治教育的根本目标是促进人自由而全面的发展。实现人的全面发展建立在社会高度发达的基础上，体现于社会关系的不断丰富中。

（三）在担负民族复兴大任要求中培育时代新人

时代新人是实现中华民族伟大复兴的必要前提，是赢得国际竞争主动权的内在要求。可以说，抓住人才就抓住了制胜的法宝。将育新人作为思想政治教育的使命和任务具有极强的现实意义，是对当前国内外现实的理性回应。能够担负民族复兴大任的时代新人，必然具有高度的政治自觉、历史自觉与本领自觉。其一，思想政治教育工作要重视党的基本理论、基本方略教育，使人民群众认识到，只有坚持党的领导，不断坚持和发展中国特色社会主义，才能带领中国人民走向光明未来。要讲清楚理想信念的重要意义和科学的理想信念的基本内涵，使人民群众认识到，理想信念不是空洞的政治口号，是人与社会发展的内在需要和推动力量。其二，思想政治教育工作要使人民群众认识到，从革命到建设到改革，再到中国特色社会主义新时代，党的领导是历史、人民与实践的选择，只有中国共产党，才能带领中国人民实现从"站起来"到"富起来"再到"强起来"的跨越，向着中华民族伟大复兴奋勇前行。作为新时代的中国人，要自觉接好历史的接力棒，时刻牢记历史使命，奉献新时代，建功新时代。其三，思想政治教育要使人民群众认识到职业素质的重要性，激发其精湛职业能力的积极性、主动性，引导其正确认识职业生涯遇到的困难和挫折，不断培育工匠精神，提升本领。

（四）在文化传承与创新中推进中华文化繁荣

中华文化的兴盛与繁荣直接关系国家的凝聚力与竞争力，"兴文化"成为当前国家发展的战略课题。全面把握"兴文化"的内核与要求具有重要的现实意义。思想政治教育工作要不断推动中华文化的繁荣发展。首先，充分发挥思想政治教育工作对传统文化的传承、改造和创新的促进作用。其次，在思想政治教育工作中将革命文化发扬光大。再次，将社会主义先进文化贯穿于思想政治教育全过程。社会主义先进文化具有实践性、时代性和人民性，是引领中国人不断开拓创新的精神力量。将社会主义先进文化贯穿于思想政治教育工作全过程，始终保证思想政治教育实效性，以弘扬主旋律为重要任务，引领舆论发展的正确方向；将最新文化成果融入思想政治教育工作的内容，实现教育与时俱进；在注入多元文化要素中提高思想政治教育工作的吸引力、感召力和亲和力，增强教育内容的文化底蕴与文化魅力。关于文化传承与思想政治教育的具体内容，本书将在第四章予以详细阐述。

第三节 思想政治教育的基本原则

一、坚持以人为本原则

思想政治教育是以人为中心、以人为目的的活动，教育者和教育对象是人，其出发点和落脚点都是人。思想政治教育遵循以人为本的原则，为响应以人为本基本原则的号召，我国召开了全国高校政治会议。习近平总书记在会上强调，高校大学生思想政治教育的工作，不仅仅是教书育人，更重要的是道德品质的培养。思想政治教育的着重点应该落在人这个本体上，作为高等学校的教育工作者必须在基础上，实实在在地关心和服务学生，要让他们成为适应我国经济和社会主义国家发展的人。[1]在不断强化思政教育的基础上，还需要提升以人为本的思维意识。人不仅仅是被教育的对象，人同样是教育的主体；因此，我们应该尊重每一个受

---

[1] 习近平.习近平在全国高校思想政治工作会议上的讲话[N].人民日报，2016-12-09.

教育者的基本需要和美好愿望。新时期思想政治教育的开展要坚持以人为本的原则，就是要求教育工作者在教育实践中坚持以受教育者为主，尊重他们的主体地位和意愿。

二、坚持与时俱进的原则

随着社会经济文化的不断发展，各项改革的不断深入，思想政治教育只有跟紧时代发展的步伐才能达到教育的目的。思想政治教育的与时俱进就是要坚持顺应时代的发展，进一步优化教育的内容，促进教育事业的稳步发展，完善教育方法、教育模式，这样才能完成把受教育者培养成品学兼优、具有强独立性、自主性的优秀青年人的任务。马克思主义中国化是中国与时俱进的最具有代表性的产物，随着时代的发展，马克思主义中国化的最新成果是习近平新时代中国特色社会主义思想。因此为了能够顺应时代发展的需求，提高思想政治教育的实效性，当务之急就是将习近平新时代中国特色社会主义思想引入到教育事业中，紧贴社会实际，联系社会生活，帮助人们形成正确的世界观、人生观和价值观。思想政治教育的落实、创新与发展都要坚持与时俱进的原则，就是要坚持以马克思主义为指导思想，跟随时代发展的步伐，完善教育的内容、方法、载体等等。

坚持与时俱进的原则不是盲目地跟风，要在了解新时代思想政治教育发展的特点规律之上，有针对地选择思想政治教育的内容，保证思想政治教育的科学性针对性。

三、坚持贴近实际原则

教育者在教育内容上一定要找准出发点，切实落脚于当前社会的问题和发展要求上，创新内容要来源于现实又高于现实，并且要注重当代被教育者的思想个性情况和价值追求。而在实践方面，我们不仅要使理论贴近现实生活，更是要使理论回归于生活，这样抽象的理论就能具体化，更容易使被教育者产生共鸣；同时，思想政治教育的理论是为了满足实践需要的，是为了帮助被教育者解决疑惑的，更是要指导被教育者发展的，绝不是要脱离实践。同时由于与实践紧密结合，思想政治教育原则更具有针对性，那么不论受教育者的思想观与价值观怎样随着时间的变化而变化，有针对性都可以较好的感知这一变化。理论与实践的相结合，二者相互作用，作用绝不是相加所能比拟的。

同时，思想政治教育工作需要从实际出发进行改革和创新，提高思想政治教育的成效。要深入受教育者的生活，了解其在日常生活中实际需求。根据需求对思想政治教育工作进行调整，坚持以马克思主义为指导，理论联系实际，将思想政治教育的开展与实际情况相结合。要主动融入受教育者的生活中，了解他们的特征，形成与其实际情况相适应的思想观念。遵循受教育者在教育中的成长发展规律，通过合适的方式方法将思想观念传递给他们。只有贴近受教育者生活的实际，才能及时有效地了解到他们的需求，而将这份需求融入思想政治教育过程中会达到事半功倍的效果。因此，新时代思想政治教育坚持贴近实际的原则，就是要求教育工作者在进行教育工作时要从受教育者的实际情况出发，选择适合的教育方式，切实取得更好的思政教育成效。

四、坚持合力育人原则

团结就是战胜一切的巨大力量，单凭一方力量是无法顺利完成任务的。思想政治教育工作也是如此，需要教育工作者们共同合作才能更好地进行思想政治教育。学校是思想政治教育的主要阵地，思政课的开展是思想政治教育的主要形式。但是学校在进行思想政治教育时，不能仅仅依靠思政课老师，各个学科的老师以及学校的领导高层都应该发挥作用，共同合作。家庭教育也是学生进行思想政治教育的另一个重要场所。家风在学生的道德品质、行为举止等方面都有所体现。除此之外，社会思潮也会影响学生的思想政治教育。新时期思想政治教育工作的开展要利用好这三个教育主体，加强彼此之间的联系与合作。

合力育人要注意以学校教育为主，通过学校教育消除家庭教育和社会教育给学生带来的消极影响，通过家庭教育和社会教育补充学校教育缺失的教育形成一个教育模式，相辅相成。坚持合力育人的原则就是要发挥家庭教育、学校教育、社会教育在大学生思想政治教育中的作用，构建学校、家庭、社会三位一体的协作模式，共同对受教育者进行思想政治教育。

第四节 思想政治教育的理论基础

思想政治教育理论主要指的就是以马克思主义哲学理论、毛泽东思想、中国特色社会主义理论观为指导，运用新时代科学的思想政治教育的理论和方法，阐明新时代、新时期各个阶段的思想政治教育的基本内涵及其外延。

一、马克思主义有关理论

马克思主义自其诞生以来，始终对世界发展产生着巨大的影响，不论是其对于中国还是西方国家的影响力都是深远而持久的。马克思主义经久不衰的魅力和与时俱进的理论品质，始终是党领导我们国家的各项事业的发展建设的指南。马克思主义是由哲学、政治经济学和科学社会主义三个部分组成，这些科学理论为思想政治教育提供了科学的世界观和方法论，主要有以下方面：

（一）基本出发点

无产阶级的历史使命是实现共产主义，深刻认识这一使命及其体现的历史发展必然趋势，对于树立正确的世界观、人生观具有重要意义，这也是全部马克思主义思想政治教育理论的基本出发点。

社会主义和共产主义运动是人类历史上最伟大、最壮丽的崭新事业，它的最终目的是要消灭压迫、消灭剥削、消灭私有制度，实现所有人共同富裕，人人都能过上幸福生活的共产主义社会。建立社会主义社会，发展社会主义社会，使之走向共产主义，是社会历史的发展规律，是必然趋势，没有任何力量可以阻挡，无产阶级需要自觉的认识、掌握历史发展的规律，去完成这一伟大的历史使命。

（二）重要问题

正确认识人的本质和人的全面发展，社会存在与社会意识的辩证关系这两个问题，是马克思主义思想政治教育理论基础的重要问题，对我们进行思想政治教育具有一般理论指导意义。

首先，对于人的本质和人的全面发展，这是衡量一个社会进步的重要标准，人的全面发展程度体现了社会物质文明和精神文明的综合成果。发展物质文明和精神文明可以加强和推进人的全面发展，而人的全面发展又能对社会的经济和文化发展起到重要的推动作用。人的全面发展离不开思想政治教育，当物质文明上升到一定高度时，唯有加强思想政治教育，才能有效地推动精神文明发展，促进人的全面发展。

新时期，思想政治教育探究到了人的全面发展，从宏观的角度看待人的自我发展与自我价值。思想政治教育有效弥补了专业课程单纯传授知识而伦理道德教育不足的缺口。如果教育只重视专业化的培养，而不重视价值观的培养，一些缺乏正确价值观念的受教育者很容易在面临选择时走上错误的道路，导致人格上的缺失。相反，如果受教育者在思想道德形成的关键时期能够得到良好的教育与引导，那么他在进入社会之后也能很好地认知自我、发展自我。

其次，社会存在与社会意识的辩证关系，在承认社会存在决定社会意识的前提下，还必须强调社会意识对社会具有能动作用，但不能夸大，认为"思想政治工作万能"。统治阶级必须使自己的价值导向成为整个社会的指导思想，在社会主义社会，就得进行思想政治教育，才能树立马克思主义的指导地位。

（三）具体指导

马克思主义关于思想政治教育的批判性和创造性，阶级分析方法与阶级斗争，社会主义思想的灌输与传播，思想政治教育与物质利益，社会主义市场经济与思想政治教育，党的建设理论与思想政治教育，社会主义精神文明建设理论与思想政治教育等方面的论述，是思想政治教育的具体指导性理论基础，这些论述从社会各个方面对思想政治教育提出了具体要求。如，思想政治教育的批判性和创造性的思想就是要求思想政治教育对于社会中出现的与社会主义和马克思主义相违背的观念要坚决批判，而社会主义思想的灌输与传播则要求我们进行思想政治教育时坚持灌输马克思主义的意识形态，占领意识形态这一重要阵地；社会主义市场经济与思想政治教育就是要求开展思想政治教育时要同当前社会推进社会主义市场经济这一大环境相适应。

二、中国共产党人的有关理论

（一）毛泽东的思想政治教育理论

毛泽东非常重视也非常善于从全局的高度出发观察、分析、思考、开展思想政治教育，他曾明确而深刻地指出："掌握思想教育，是团结全党进行伟大政治斗争的中心环节。如果这个任务不解决，党的一切政治任务是不能完成的。"[1]

在长期的革命实践过程中，毛泽东运用辩证唯物主义和历史唯物主义的方法凝练、概括出了一系列思想政治理论，同时身体力行、率先垂范、大公无私弘扬和践行共产主义道德理想教育，毛泽东也积极倡导爱国主义、集体主义和国际主义，在《中国共产党在民族战争中的地位》一文中，他指出："中国共产党人必须把爱国主义和国际主义结合起来，爱国主义就是国际主义在民族战争中的实施。"[2]他号召每一个党员要学习白求恩的那种毫不利己，专门利人的国际主义精神，要做一个高尚的、纯粹的、有道德的、脱离低级趣味的、有益于人民的人。毛泽东还时刻提醒同志们要始终保持谦虚、谨慎、不骄、不躁的作风，始终保持艰苦奋斗的作风。

因此，在加强思想政治教育的过程中要充分运用毛泽东思想政治教育的理论方法，进而使受教育者价值趋向积极向上，自强、创新意识以及进取、奉献精神不断增强。

---

[1] 毛泽东选集第三卷 [M]. 北京：人民出版社，1991.
[2] 毛泽东选集第二卷 [M]. 北京：人民出版社，1995.

（二）习近平立德树人重要论述

教育关乎强国的建设与民族的振兴，它是民生的基础也是国家的未来。我国的国情决定了我国教育的发展不能离开中国特色社会主义发展的实际。习近平立德树人教育重要论述正是结合我国发展的现实情况，在批判与继承古今中外德育思想的基础上，在新时代的探索实践中逐渐形成的。

2014年青年节，习近平总书记强调："德是首要、是方向，一个人只有明大德、守公德、严私德，其才方能用得其所"[1]，明确指出了新时代"立德"的本质要求。我们要时刻怀揣共同理想、遵循传统美德、践行核心价值，用"德"来稳固共同的思想基础。十年树木，百年树人。"树人"关系着要培养什么样的学生、用何种方式培养学生的关键问题。2018年，习近平总书记在思想工作会议上指出，"育新人，就是要坚持立德树人、以文化人"，要"培养能够担当民族复兴大任的时代新人"[2]。

新时代，我国正在教育大国向教育强国的路上大步向前，习近平立德树人重要论述以其对教育本质的准确认识，表现出独特的时代责任以及价值意蕴。

习近平立德树人重要论述丰富和完善了我国的教育理论体系，而思想政治教育正是立德树人的具体体现，应该把"立德"放在人才培养的第一标准，把"树人"放在思想政治教育工作的第一位，这与新时代教育发展的趋势相一致。

---

[1] 习近平.做党和人民满意的好老师——同北京师范大学师生代表座谈时的讲话[M].北京：人民出版社，2017.
[2] 孙迎光.新时代中国教育的五大历史使命——举旗帜、聚民心、育新人、兴文化、展形象[J].人民论坛，2019(17)：59-61.

第二章 新时期思想政治教育的发展

新时期,思想政治教育被赋予新的任务,也迎接新的挑战。特别是高校思想政治教育,一直以来都受到了社会各界的广泛关注。本章以高校思想政治教育为例,围绕新时期思想政治教育的意义、新时期思想政治教育的现状和新时期思想政治教育面临的问题,对新时期思想政治教育的发展进行论述。

第一节 新时期思想政治教育的意义

现今的新时代,承载着中国历史的厚重与沧桑,在新的历史环境下理当推进中国特色社会主义进一步的宏伟蓝图与伟大成功,新时代凝聚了全体中华儿女在磨难中砥砺前行奋发拼搏的结晶,也囊括了老一代伟人为新时代奠基的血汗结晶,以此为动力核心,不竭地助推我国决胜全面建设小康社会,大步向社会主义现代化强国道路迈进;新时代也是我国全民族团结斗争、敢为世界先、继续拓创美丽生活、奋勇争先地带领中华儿女走向人民共同富裕的时代;是举国戮力一心实现中华民族伟大复兴中国梦的时代;同是我国以东方觉醒巨龙之姿昂首迈向全世界国家之林、并努力为全人类开创贡献出中国伟大智慧结晶的时代。

新时代是一次伟大的历史性的改革。这彰显在中国社会主义现代化建设上所取得的足以让世界史铭刻的伟大成就上,就是从"全方位的、开创性的"成功过渡到了"深层次的、根本性的"倾覆式革新。这次改革在生产力与生产关系、经济与上层建筑以及我国全面进入世界之林等方方面面中取得了更为显著的表现。

新时代代表了历史新地位。在我国,社会主要矛盾落实为一种现实依据,证实了中国特色社会主义开启了新时代,明确了当前及进一步推动中国特色社会主义建设的新逻辑起点。中国特色社会主义开启新时代,是我国以全盛之姿走向国际舞台,继续为全人类、全世界贡献自己的智慧结晶。

新时代诞生了新思想。在新时代,社会主义思想经几代人智慧的积累迭代,由此引领了更为完善的中国特色社会主义理论知识的构建,深层次地推进了马克思主义中国化的新发展。学习新时代的内容需植根于新时代中国特色社会主义思想的理论基础上,更深刻地了解新时代的历史改革、矛盾变化与基本方针。

最后，新时代开始了新征程。结合新时代的发展计划实现新布局，迈向新征程。这必须要侧重于解决人民日益增长的美好生活需要和不平衡不充分的发展之间的矛盾。从政治、经济及生态等各个领域的难题着手，整理合并资源和力量，在新的历史开始时取得新的成就。

因此，立足新时代开展思想政治教育，具有非常重要的意义。

一、政治意义——增强四个意识，紧跟党的步伐

政治性是思想政治教育的首要特征，确定了其目的是为了维护统治阶级利益，为统治阶级服务的。同时，思想政治教育担当的另一个使命是为统治阶级培养更多的可用之才。中国作为最大的社会主义发展中国家，广大人民群众在中国共产党的领导下，充分发挥思想政治教育的手段，结合具有中国特色的马克思主义思想，紧密把握人才培养的政治方向，贯彻落实党和国家的相关政策法规，传递社会主义文化，建立共产主义理想和信念。高校思想政治教育紧紧围绕大学生这个群体，通过大学生对政策法律法规的学习，紧跟党和国家的发展步伐，坚持共产主义发展道路，培养大学生的政治认同感，提高正确的政治选择能力，使大学生不仅具有时刻以实现中华民族伟大复兴为己任的政治意识和责任意识，还拥有国家的兴衰荣辱与自己的成败得失息息相关的大局意识和核心意识。

二、经济意义——培育职业道德，积极开拓创新

借助思想政治教育，不仅可以促进大学生政治觉悟能力的提升，还可以挖掘其潜在的能力，同时为经济发展提供强大的动力支持，进而助推经济快速高效地向前发展。高校思想政治教育不仅可以培养大学生在走上工作岗位后具有爱岗敬业、诚实守信、奉献社会的职业道德，还可以调动他们工作的积极性和创造性，提高大学生对经济发展前景的信心，进而促使他们在工作中勇于开拓，善于创造，敢于创新，自觉主动地学习先进文化知识，为科学技术生产力的发展添砖加瓦，为提升社会经济核心竞争力推波助澜。

三、文化意义——根植爱国精神，汲取知识力量

一个民族的文化想要一直占据世界前列，培养有甄别力、洞察力、创造力等方面的人才至关重要。在对大学生进行思想政治教育过程中，加强对中华优秀传统文化价值的吸收和对西方文化正确合理的借鉴、批判和改造，以马克思主义为指导，利用文化的选择、传承和渗透等功能，创造良好的文化氛围，在大学生的

身心发展中传递爱国主义情感、牺牲奉献精神等非理性形态文化的教育，同时注重培养大学生积极阳光、乐观向上、充满正能量等潜意识文化的教育，使大学生不仅具有崇高的理想和高尚的道德情操，还具有科学文化知识并遵守社会各种规章制度和法律法规，争做一名合格的中国特色社会主义建设者和接班人。

四、生态意义——承担历史使命，履行生态责任

人类的生存和发展脱离不开环境而独立存在，面临生态环境恶化的挑战，为了明确人在生物圈和自然界中的地位和作用，更为了调控生态平衡，加强对大学生进行环境法规和生态伦理教育成为时代的全新主题。通过思想政治教育，引导大学生树立正确的道德和生态责任感，形成人与人、人与社会、人与自然和谐共生的生态文明理念，培育大学生关爱自然、保护环境、善待生命的生态责任意识，使当代大学生自觉肩负起珍爱地球保护环境，让青山常在绿水长流的历史使命。

第二节 新时期思想政治教育的现状

受高等教育的逐步规范化以及现代科技手段的助力，高校思想政治教育逐步向更科学、更现代的方向发展，取得了一定的成效。

一、思想政治教育活动多样化，主体参与意识增强

进入21世纪以来，伴随社会生产力的飞速发展，我国社会的生产关系也随之呈现多元灵活的发展趋势，社会分工的日益精细化以及社会生产的复杂性都为思想政治教育活动提供了多样化的活动方式选择，思想政治教育教育的育人资源也更加丰富，活动场所也进一步开放灵活。以实践教育活动为例，除了原始的一线生产活动和传统的校务劳动及家务劳动外，还有各种志愿服务活动、勤工助学活动、红色文化活动以及社会调研活动等常规性服务性实践活动。随着社会的进一步需要，高校也把各种创新创业活动、设计大赛、新技术展示活动作为新时期实践育人的重点开展项目。且伴随市场的进一步开放，社会岗位的增多，许多大学生在业余时间，如周末或寒暑假去兼职各个行业，争取锻炼的机会，同时实现自身价值的转化。无论是团体性还是个体性的实践活动都为当代大学生提供了更多的机会，也在一定程度上促进了高校大学生实践本领的增长，同时更调动了学生的参与意识。

二、思想政治教育方法现代化，主体接受能力提升

科技的发展以及产业的变革也带来了思想政治教育方法手段上的改进。高校教育工作者为适应时代的要求、转变了教学思维。其一是沟通方式的转变，思政教育工作者及时地跟上了社会的发展，由传统的面对面沟通形式演变成依托移动微媒体的网络沟通渠道来加强和学生的交流，这种间接的沟通形式有效地降低了学生的心理戒备，快捷方便的沟通方式也给予了学生自主表达的更多可能性，使师生之间的互动变得更为平常，有效地改善了严肃拘谨的师生关系。其二是教学方法上的与时俱进，移动技术的发展带来的不仅是人与人之间交流方式的改变，同时也为教师更好地开展思想政治教育提供了新形式。具体内容将在本书最后一章"新时期思想政治教育的实践探究"中进行详细阐述。其三是真正实现理论与实践相统一。通过逐步将产学研相结合，学生对知识的学习方式不再是单纯地学或纯粹地做，而可以通过完成任务式的学习过程来边学习边产出，这种工作式的学习方式能够有效增强学生的主体意识，并且提高学生的接受能力。

三、思想政治教育体系科学化，主体认知水平提高

新时期，高校思想政治教育体系进一步完善。其一，不再只着眼于对学生进行理论上的教育、知识上的灌输，而是开始认识到实践的重要性，将对学生实践能力的培养纳入重点内容。其二，不再只将思想政治教育当作教师的任务，而是逐渐综合多方力量，探索实行全员育人，聚合多方力量共同保证思想政治教育成效。其三，不再只是孤立地通过思政课程开展思想政治教育，而是将课程思政与思政课程有机结合，实现二者同向同行，充分发挥思政教育的潜隐性作用，在一点一滴间对学生进行价值引导、观念培育。在思想政治教育成体系、全方位、立体化的培育下，学生的认知水平实现进一步提升。

四、思想政治教育媒介多元化，主体道德情感增强

媒介是指凡是能使人与人、人与事物以及事物与事物之间产生关联的物质，换句话说，就是信息源和接受者之间的中介。高校思想政治教育的媒介其一是指宣传媒介。社会分工的日益多元化带来了宣传方式的多种途径，社会生产力的提高使校园广播、内部刊物、宣传海报和新媒体等传播方式变成常态，多种形式的宣传媒介改变了传统的单一的宣传途径，有效地改善了高校大学生对思想政治教育内容的了解渠道，提高了新时期高校思政育人宣传工作的针对性。同时学生社团的积极作用也为思想政治教育营造了浓厚的氛围，加之一些先进人物报告会、

分享交流会和演讲、竞赛等活动的影响使得学生对道德模范、相关故事有了较为深刻的感受，增强了学生的道德意识、思想品质以及家国情怀。其二是新媒体的应用使高校思想政治教育有了更生动的教育媒介。借助多媒体、电脑化的学习网络和虚拟现实辅助引导，提升了大学生对思想政治教育的兴趣和学习主动性。

五、思想政治教育成果公开化，主体综合素质提高

交通的便利和网络技术的发展，打破了原始的封闭的个体发展，育人经验的公开化使得高校与高校、高校与师生之间的交流合作加强，讯息的及时传播使思想政治教育的成果在全社会范围里得到广泛地运用与推广，促使各高校的思政育人工作也不断得到改善。这样的公开学习和讨论方式给高校和学生都带来了良好的促进作用。普遍流行的成果展示可以使高校得以借鉴其他学校的成功经验，拓展思政育人的新思路、新做法，优化本校的思政育人工作。同时有了社会力量的监督，也能督促高校教师自觉提高自身素质，对思政育人工作的顺利开展起到直接的推动作用。

此外，公开透明的成果展示也促进了高校评价激励机制的公平性和长效性，使师生的成就感得以增强，高校学生也更愿意展示自己，在开放宽松的环境下实现自身各方面素质的综合发展。

第三节　新时期思想政治教育面临的问题

尽管新时期思想政治教育取得了许多成绩，但是与此同时我们也要看到其中存在的问题，以及深入分析产生问题背后的原因，只有这样，我们才能有针对性地对思想政治教育工作进行进一步完善与提升。

一、新时期思政教育产生的问题

（一）思政教育主体的育人热情尚未完全唤醒

作为高校思想政治教育的组织者、实施者，教育主体是思政育人体系的联结单元，是思想政治教育工作向前发展的具有强大创造力的推进器。高校思政育人主体主要包括思政理论课教师、专业课教师、辅导员、党务工作者、管理、服务人员及学生。高校思政育人主体的育人热情尚未完全唤醒，育人的主体性、能动性发挥受限，具体表现在以下两方面：

1. 部分教职工育人意识淡薄

思政理论课教师和专业课教师在教学和科研的双重压力下，任务繁重，始终以教学大纲、书本内容为依托，以传统考试为主要落脚点，以专业知识、技能教授为本位。对学生个体的需要认识、理解不到位，易沦为没有思想、没有感情的教书机器，将"育人"这一过程异化为机械的传递、灌输的行为，不利于学生的全面发展；辅导员、班主任作为大学生成长之路的引领者、指导者，被事务管理者角色所替代。[1]在处理班级和学生的日常事务时也只是就事论事，对当下产生的结果进行处理和止损，而对事件发生的背景、过程、推动因素和其中暗含的思想行为倾向关注较少，实质问题得不到根本性的解决；党务工作者在发展人才、制订活动计划时疲于应付过于繁杂的流程，在唤醒校园特色、贴合人的全面发展规律，充分调动师生参与积极性这一方面的工作捉襟见肘。高校管理呈现"行政化"的特点，管理人员在日常工作中通常以稳定、有序、绩效为基本追求，在制度体系、管理方式的选择上尚不能满足时代和学生的期待和需求。高校在提升服务水平，推行服务社会化的过程中，忽略了后勤人员自身素质的建设。服务人员在市场经济的影响下，以利益作为工作导向，片面注重物质供给，忽视精神涵养。

2. 大学生缺乏自觉学习动机

大学生是作为具有独立自主意识和基础知识储备的个体，其知识的吸收和理论的建构不是一个单向度的被动接受过程，而是在对所接触信息的理性选择中发展培育起来的。他们不仅是教育的对象，更是学习的主人。研究者尽管在思想政治教育的理论研究和探索中都对学生这一对象的主体地位给予了充分的肯定和拔高，但是在传统教育思想、灌输式德育影响下，大学生往往缺乏自觉主动的学习动机，在思想政治教育工作中参与感弱，处于被动接受的客体位。在课堂上，将"顺从"作为应该遵守的道德规范，只能跟着课本、跟着教师，尽管有发言，却不敢真"发声"，想象力和个性被压抑，不利于与教师在互动中达成"情感共鸣"。在以量化考核为标准的"一刀切"评价体系中，片面追求标准答案权威下的高分数，导致学习信息的获得不是主动选择的结果，忽视了学习过程中情感、思想、技能的多维进步。在社团活动中，受管理体制的束缚，学生自身的兴趣和需要得不到充分满足，不利于培养学生的组织、协调、创新能力，充分发挥其作为主体的主观能动性。

（二）教育资源的思政功能尚未完全激活

思想政治教育现阶段的主要矛盾已转化为人们对满足多样性、多层次性的道

---

[1] 吴正国，侯勇．新时代高校思想政治教育制度化建设探究[J]．思想教育研究，2019(09)：31-36.

德精神需求和思想政治教育对人的德性涵养效果不凸显之间的矛盾。[①]目前思想政治教育中的育人资源功能性发挥受限，育人成效不尽相同，对整体的贡献度参差不齐，具体表现为：

（1）高校思政教育工作，以思政课程挑大梁唱独角戏为主，往往局限在思政课堂之内，教学视角比较狭窄，对专业课，通识教育课程等的利用率不高，在教材内容、手段方式、组织结构上没有体现应有的育人价值。

（2）长期处于从属地位的实践，缺乏专门的理论性材料作支撑，重形式轻内涵，学生的热情高但收获低，导致育人效果延续性不强。

（3）科学研究活动可以容纳的学生有限，以业务工作为主，主体间紧密性不够，导师的科研目标站位较低，道德示范作用不明显，育人缺乏目的性、计划性。

（4）在心理育人层面，育人方式单调且缺乏系统性，相应的专门化的心理课程、活动和社团较少，大学生能接触的心理教育频次低，严重制约着育人效果。

（5）在日常教学活动中，对隐性思想政治教育认识不够具体，浮于表面，在这点上这不利于思想政治教育工作的全面渗透和作用。

（6）高校的管理工作一般说来呈现自上而下的管束和控制，缺乏对学生、教师的人文伦理关怀，民主气氛得不到充分展现。

（7）学生资助工作仅仅停留在解决物质需求，在评估、审核过程中以学生的物质条件贫乏与否为主要切入点，忽视学生的人文精神缺失，供给方向单一，缺乏针对性。组织育人在从上级组织向下延伸传递时育人效果"层层递减"，基层组织在地位上往往被边缘化，整体性不明显。[②]

（三）思政教育机制的保障作用尚未完全形成

思想政治教育机制不科学主要表现在两大方面：一是评价机制，二是宣传机制。

高校思想政治教育工作纷繁复杂，涉及人员部门众多，因而要明确任务、目标，严格考核责任。但在高校的实际操作中，关于人员部门的考核情况还存在"软指标"现象，注重任务的分配，却忽视了对思想政治工作的考核评价。这就体现在思想政治工作队伍的考核不够规范以及过程考核不够全面。长期以来，思想政治工作主体队伍作为大学生思想政治教育的主要管理者和实施者，自身承担了太多的任务和责任。可是对他们的考核评价不够规范，有的高校只注重量化指标，以业绩论成绩。有的高校则过重于参考学生的评价，学生过多地接触辅导员和班主任，对其他岗位的思想政治工作者尤其是领导干部无法做出科学的评价。考核的不规范自然影响了奖励的结果，如此管理、考核、奖励的脱节，挫伤了很多人的积极

---

① 孙梦婵.论新时代思想政治教育主要矛盾[J].思想政治教育研究，2019，35(01)：63-67.
② 盛春，汪力.提升新时代高校基层党组织组织育人质量的路径研究[J].思想理论教育，2019(12)：74-79.

性。高校对于思想政治工作兼职队伍，如后勤部门的育人考核更是存在大片空白，往往以开展活动的多少作为评价的指标。除此之外，在过程考核中，很多高校主要是抓住期末或是年末的尾巴来进行，而思想政治工作是一个贯穿全时段的任务，这就导致很多人员或是部门出现中途懒散，末期赶工的不良局面。

此外，高校思想政治教育工作要置于社会大环境中去探索思考，以环境的相安、和谐来推动思想政治教育工作的发展。虽然在新时期，各高校思想政治教育工作已如火如荼开展起来，但宣传范围局限于校园内部之中，思政教育的大氛围还未真正营造起来。就目前而言，思想政治教育工作在社会中的宣传还不够深入，普通大众对思想政治教育理念的内涵知之甚少。由于宣传机制覆盖不够全面，致使社会环境未能对高校思想政治教育工作提供助力，家庭教育未能与学校教育进行良好的对接。并且每个高校自身情况不一样，思想政治教育工作开展情况也不一样。有的高校思想政治教育工作已经成为本地区的模范先锋，而有的高校在思想政治教育工作中还存在各种漏洞。高校与高校之间似乎都习惯于闭门造车，将自身经验分享出去的宣传工作也不到位。

（四）思政教育体系的联动效应尚未完全发挥

1.思政教育制度建设不够完善

高校制度体系的建设是学校进行各项管理工作，并完成人才培养目标的重要保障。只有不断完善各项规章制度，对高校思想政治教育发展建设过程进行整体的监督和管理，并对相关人员进行合理的组织和引导，才能够保障高校思想政治教育扎实取得成效。

首先，高校制度建设一定要依法而建，并且要紧密结合学校自身的办学特色以及人才培养目标，然而当前仍有不少高校，其规章制度的制定程序并不规范，因此也导致了制度内容的不合理和不规范。

其次，管理制度体系若不能为思想政治教育服务，那就是一副"空壳"，徒有其表、华而不实。目前，仍有大部分高校的思想政治教育管理制度相关体系建设不够完善，高校管理工作与思想政治教育工作脱节，一些政策法规并不能做到上传下达，导致了高校思想政治教育工作效率低下、进程缓慢。

最后，高校思想政治教育的制度建设一定要紧密贴合实际教学，因为高校办学的最终目标就是要实现"立德树人"，为社会主义现代化建设培养高素质人才。然而目前，仍有不少高校的相关制度依然是刚性制度，缺乏了人文精神。在人事处理、奖励惩罚等方面，并没有将思想教育性渗透其中，因此也就造成了制度缺乏教育性，不能发挥出制度育人的作用。

2. 部分高校缺乏协同育人意识

高校开展思想政治教育，落实"立德树人"根本任务，首先要从思想上牢固树立"协同育人"理念，但目前部分高校领导或教师都没有真正树立起协同育人的意识。

一方面，高校各个层级人员教育目标并不一致，一些高校领导人员过分注重成绩和形式，急于开展高校思想政治教育，但其本身并没有过多参与到思想政治教育工作的实践过程，因此也就造成了高校思想政治教育流于形式，只是将专业知识与思政内容简单地杂糅在一起，而这种流于形式的思想政治教育实际上并没有真正发挥出育人的功能。

另一方面，高校各层级、各部门缺乏沟通，导致思想政治教育发展途径不协调。部分高校领导仍然将对大学生进行思想政治教育的任务交付给思政课，当然这种做法本身并没有问题，因为思政课始终是主渠道。但问题在于高校完全忽略了其他专业课程的育人作用，只专注于知识技能的教学。专业课程作为对大学生进行智育、美育和体育的课程，其教学内容自然是专业课知识和技能，但教书、育人本为一体，而目前高校部分课程则是只注重教书而忽略了育人，这种做法则是不可取的，也严重影响了高校思想政治教育的发展与成效。

3. 投入配比不协调

思想政治教育工作不管从其本质、特性和教育的内容方面来看，都属于软工程，但在教育过程中和方式的使用选择上需要依赖相应的硬性条件做基础。目前我国高校大多设有思想政治教育专项经费，但在经费的申报、审核、使用、监督程序中绩效导向微弱，经费的利用效益不高，专职思政教师、辅导员等的待遇较专业课老师不足，相关教育平台建设进度迟缓，与客观需求不符。另外，大多数高校在专职思政理论教师、辅导员的人员配比中严重失衡。人的精力是有限的，在面对基数大、差异大的学生群体时，思想政治教育工作的针对性和有效性将会大打折扣，常常在问题出现时会有人员缺位的情况。

二、新时期思政教育存在问题的原因分析

探寻原因，是解决问题的关键。导致高校思想政治教育工作存在不足的因素不是单一的，而是多方面因素的集合。

（一）传统思想政治工作体制的影响

在传统思想政治工作体制中，高校思想政治工作部门呈现出独立化状态，缺乏整体性和系统性建设思维。

一方面，高校思想政治工作科层化严重，阻碍部门融合。在思想政治工作的管理过程中，很多高校依然以传统的"自上而下"的集权控制式为主，也就是上级部门负责发布任务，下级部门负责执行任务。这就使得大学生思想政治工作"做什么""怎么做"更多体现为管理者的意愿，其他广大思想政治工作参与者，尤其是教师、辅导员、班主任等一线工作人员的理念得不到充分表达，降低了他们的工作热情。纵向网络式的管理在领导部门与工作部门架起了横沟，领导没能深入到各级思想政治工作者中去收集意见，形成协调统一的价值理念。并且长期以来评价一所大学好与坏的指标全部放在是否培育出"人才"等硬指标上，使得有些高校领导忽视了"德育"等软指标的建设工作。意识形态层面的不重视自然导致行动上的不配合，高校思想政治教育工作缺乏统一领导和有效规划。无论是资源投入的比例还是人员投入的比例在学校整体的工作中都偏少。很多高校都是在中央召开有关大学生思想政治教育会议或是下发相关文件后积极工作一段时间，随后思想政治工作还是置于其他工作后面。

另一方面，思想政治工作人员内部之间交流过少，难以协同。高校思想政治教育工作的开展需举大众之力，让大家心往一处想，劲朝一处使。然而高校思政工作队伍之间虽有工作的联系，却缺乏交流的意识，没有顺畅的沟通协商机制，不同部门之间没有友好的合作会议形式。如此，高校思想政治工作人员之间都不协同，又何谈整体意识和部门融合。

（二）利益激励机制的缺失

思想政治工作如果只讲求牺牲奉献精神，不讲物质利益，那就是伪命题，不可能调动广大教职工的积极性。高校思想政治工作的激励机制就是通过合理、健全的政策和措施，将工作成效和物质利益挂钩，从而激发工作队伍的责任感和荣誉感，并上升为良好的群体行为。而当前，高校对于思想政治工作方面的激励机制却并不完备。有效的激励机制以充足的物质保障为基础。高校思想政治教育工作的开展涉及一系列的"硬件要求"，比如必要的办公场所和活动室、一定的器材设备和实训基地等。这些都要根据工作实际需要，提供和建设起来，以保障工作的顺利进行。高校在此方面的投入还不够充分，给予思想政治工作者外在设施条件略显不足。对于专职队伍而言，他们很多都是进行思想政治教育实务工作，奋战在实践前线，很容易忽略自身理论研究的提高。而现在职务的晋升又大多考虑科研立项，相对于其他高校教师而言，思想政治工作人员在职称评定和职务晋升等方面都处于弱势地位。这严重影响了他们的工作信心和后劲。

（三）育人意识与能力的滞后

高校思想政治教育工作离不开人的要素，部分思想政治工作者育人意识不强，能力不足也会导致大学生思想政治教育成效不佳。当前，主要存在两种现象：一种是"人到心未到"，另一种是"心到力未到"。

"人到心未到"的现象与思想政治工作者的育人意识不强息息相关。目前，高校中的部分工作者还是按部就班地完成自身外在任务，没有承担好内在的育人职责。他们认为育人与自身工作很遥远。高校中很大部分工作者并不是专门从事思想政治教育工作，尤其是后勤管理服务人员的素质偏低，年纪偏大。在他们看来，育人工作还是思想政治工作专职人员的事情，自己岗位所要承担的育人职能可有可无。并且培养人才是学校的事情，自身只是一个普通工作者，能做的事情有限。

"心到力未到"的局面与思想政治工作者的能力不足息息相关。思想政治理论课教师的能力毋庸置疑，但专业课教师在专业课程中进行思政育人的能力仍旧有限。许多专业课教师自身对马克思主义理论还是一知半解，很难将育人理论穿插进课堂。很多学校忽视了对广大教职工育人能力的培训，这也导致专业课教师无力在传授知识的传授育人理论，服务管理者无力在工作的同时潜在传递价值观。

（四）育人环境的复杂性

复杂多变的育人环境也是影响思想政治教育工作开展的原因之一。思想政治工作环境是指影响实施思想政治工作开展以及教育对象思想品德形成和发展的各种条件的总和。它不是封闭的，也不仅仅局限于校园环境，其中涉及的内容、因素、性质和范围是非常广泛而复杂的。思想政治工作环境的开放性意味着需要不断和外界进行信息和物质的互通，就必然受到社会上各种复杂环境的影响。

身处新时期，全球一体化进程的加快不免将我国卷入各种多元思潮林立的时期，节奏鲜明的现代化生活也使得各种思潮更新换代的速度逐步加快。大学生的价值观念也随着各种思潮的发展具有更大的不确定性。在各种良莠不齐思潮的影响下，大学生难以形成一种稳定而持久的正确"三观"。特别是随着科技的迅猛发展，互联网、自媒体崛起，思想政治工作环境因时而变，由线下转向线上，由实体转向虚拟。如今已经演变成现实校园、社会环境和网络自媒体空间"三位一体"的互相密切联系的大环境，大大加剧了不可控因素。这些都严重阻碍了思想政治工作的开展，增添了很大的难度。

第三章 新时期高校思政育人体系研究

高校是培养社会主义建设者的重要阵地，新时期社会所要的人才除了具备高超的文化知识外，还应具备良好的思想道德品质，为了实现这一目标，高校应积极寻求有效的改革措施，创新思想政治教育的教育方式，培养一批又一批德才兼备的高素质人才。本章为新时期高校思政育人体系研究，内容包括高校思政育人体系概述、高校思政育人体系的时代特征与价值、新时期高校思政育人体系的构建策略。

第一节 高校思政育人体系概述

一、高校思政育人体系基本概念

高校即高等院校，是开展高等教育的活动场所，综合类大学、专业类大学、专科院校、高等职业技术学院均在此概念范畴之中。高校思政教育指的是高校教职工以高校学生为对象，以马克思主义理论的思想观念、政治观点以及道德规范为基础，以培养社会主义建设的合格建设者与接班人为最终目的和归宿的实践活动。当前我国高校思政教育体系的内容主要是由两个方面的内容所构成，一方面是国内各大高校均设置了思政课程，专门对大学生开展思政课程理论知识的系统教学工作，由专职思政教师对学生进行显性教育；另一方面为高校日常思政教育活动，主要是在日常管理、活动教育中对大学生进行隐性教育。前者属于高校思政教育的主要渠道，后者属于高校思政教育的主要阵地，两者是互为联系、互为支撑、互相影响，以育人为主线而组成的整体，呈现体系化的特征。

二、高校思政育人体系的基本构成

（一）全方位育人目标

全方位的思政育人目标是构建思政育人体系的最终目的和方向归宿。高校思想政治教育工作是我国教育体系的重要组成部分，作为影响人、改造人的社会实践活动，理应遵循新时代教育方针，牢牢把握"四个服务"的原则，始终坚持立德树人的教育任务，以人为本，将大学生的现实需要为出发点和落脚点，不仅要在学生的头脑中、思想上武装科学的理论知识体系、正确坚定的政治信念，更主要的是要以灵魂塑造引领学生的全方位发展，培育德智体美劳全面发展的社会主义接班人和建设者。

（二）全方位育人主体

全方位的思政育人主体是开展思政育人体系的人力基础和基本保障。学生在对思想政治教育信息的接受过程中，受各种社会关系的制约，一切人的行为习惯、思想观念都可能成为影响思政教育工作成效的因子。思想政治教育工作不是单单依靠专职教师、党务工作者就可以实现的，高校所有的教职工（包括教师、管理人员、服务人员、辅导员等）都承担着育人育才的重要使命。

教育者的专业程度、师德水平、政治站位和道德修养都对大学生起着很强的表率示范作用，是思政育人体系中的关键主体。此外，大学生不仅是思想政治教育的作用对象，也是思想政治教育工作的直接参与者，是思政育人体系中的核心主体。

一方面，思想政治教育工作要从学生入手，围绕学生实际。另一方面，同辈群体影响的力量不容忽视。因此要改变以往单向度的教育模式，调动学生自身的内在积极性、创造性实现自我管理、自我教育，引导学生在交互中自觉、主动地强化自身的学习意识和能力。

（三）全方位的育人过程

全方位的思政育人过程是体现思政育人体系蕴含规律性、持续性和针对性的必要条件。任何事物的发展都是量变和质变的统一，不管是教育本身还是学习发展均具有过程性，是在不断地与外界进行信息交换和互动中实现的，这就要求思想政治教育不仅要贯穿高校教育教学全过程，还要贴近学生成长成才的全过程。全过程育人一方面体现在高校思想政治教育工作要从学生入学到毕业的各个阶段，针对本科、研究生的不同年级和学习接受能力的差异，制定既要符合思想政治教育的内在逻辑，也要符合人的发展规律，有侧重点地解决学生的现实需求和期待的阶段性目标和内容。另一方面体现在高校思想政治教育工作要实现与中小学段、社会发展需要的有效对接，减少不必要的重复性教育输出，体现教育工作的渐进性，提高效率，形成长效的育人机制。

（四）全方位的育人空间

全方位的思政育人空间是突出思政育人体系"处处在育人"的客观环境、载体、方式的必要前提。思想观念在存在方式和状态上具有非线性的特点，开展思想政治教育工作，要从其学科本质特点出发，打通课内和课外、现实与虚拟、校内和校外的脉络、显性实物和隐性文化的不同空间方位，融合理论教育和实践引导、线上和线下的多种载体方位，创新心理育人、管理育人、资助育人、组织育人等多重路径，统筹各个环节、各个机构的育人资源，确保各项影响因素发挥其积极正向作用，营造无处不在的思想政治生活氛围和气息，形成由上而下、由内而外的立体化育人空间。

三、高校思政育人体系构建原则

（一）坚持正确方向原则

坚持正确的政治方向，就是坚持社会主义办学方向。高校思政育人体系作为一种推动高校顺利开展思想政治教育实现育人目标的体系，坚持社会主义办学方向应为机制建立首要遵循的第一原则。从机制建设的决策层到机制的具体执行者心中都应该有此政治觉悟。无论是机制的顶层设计方案还是每一个建设步骤或建设措施都应遵守此原则。高校思政育人体系的建立要做到坚持社会主义办学方向原则，首先就是必须要做到以马克思主义为指导思想，在深入研究马克思主义思想及其马克思主义中国化的一系列成果的基础上作出适应中国发展的选择；其次就是必须明确我国是社会主义性质的国家，为中国共产党、为社会主义建设培养更多合格人才是机制建立的目标；最后就是必须要做到在党的统一领导部署下进行机制建设。

（二）坚持问题导向原则

问题倒逼高校要不断进行思政育人体系建设。目前，机制的建立面临外部环境压迫和高校内部自身压力的挑战，必须遵循问题导向原则进行机制建设，才有可能将其作用发挥到极致。首先，高校思政育人体系要针对现存的思想认识维度上辅导员放在思想政治教育上的时间不足、专业课教师更注重专业教学忽视思想政治教育、后勤行政人员没有将思想政治教育与自身工作相结合等问题；时空维度上国家的设想要求与高校的落实效果之间存在落差、课堂内和课堂外的资源没有得到充分利用、学校掌握学生的思想动态不够及时和全面等问题。结合问题的成因分析，不断开展完善思政育人体系的工作。其次，所有人都要树立问题意识。高校决策层要通过对高校内部进行自查摸排发现自身思想政治教育工作存在的问题，以解决问题为导向采取一定的措施。具体的执行者在执行过程中，要多留心遇到的阻碍，敢于突破障碍，精于总结归纳。最后，要明确做到以问题为导向的核心，明确随着思政育人体系建设的不断推进，随着时代、环境的变化，会产生不同的问题，需要不停地解决问题。

（三）坚持改革创新原则

创新推动发展，新时期特别要求发展教育要注重创新的力量。高校思政育人体系的良好运行同样离不开改革创新的助力。因此，在机制建设和后期运行改进过程要求高校内所有人和各项工作做到理念思路要创新，内容常更新，方式有创意。要接受、理解、领悟"三全育人"的内涵，要紧扣思政课程改革和课程思政建设的核心内容，并将其运用到实际工作中。辅导员需要提高自身思想政治教育素养，在保持原有工作模式优势的前提下，通过改变与学生沟通的方式，借助好网络和新媒体载体，工作思路和方法做到与时偕行，把工作效率提高，努力做好本职工作。教师要转变教学思路，把"教好书"转成"教好人"，把轻教学重科研转变成教学科研并重；创新教学模式，不断思考课程思政的教学内容设计和教学形式；掌握新的教学工具，更好发挥教学工具的作用，增强与学生的交互感。机关教辅人员要创新工作理念，坚持以"学生为中心"；创新宣传手段，找准宣传定位；搭建更好的信息获取平台，更迅速地掌握学生的思想动态。同时，高校思政育人体系建设中的人才队伍建设、机制考核评估激励建设等环节也同样需要以改革创新为原则。

（四）坚持客观规律原则

尊重客观规律是发挥主观能动性的前提。建立完善的高校思政育人体系要遵守两大客观规律，分别是学生成长成才规律和思想政治教育规律。一方面，学生既是受教育主体，又是我们建立这个机制最主要的受众群体，因此建立高校思政育人体系所要采取的一切措施、活动要在充分尊重学生成长成才规律的前提下进行，要充分了解当代大学生、00后群体的特点，了解他们的真正需求，结合他们的共同特点，根据他们的需求，采用适合的方式展开思想政治教育工作。另一方面尊重思想政治教育规律就是所有人要清楚建立高校思政育人体系的目标，要了解做好思想政治教育的方法，要明确知道思想政治教育的具体内容有哪些，做到心中有数，同时，最大限度将思想政治教育的功效展现出来。总的来说，尊重客观规律建立的机制才能长久。

（五）坚持有效性原则

高校思政育人体系必须坚持有效性原则。建立高校思政育人体系是为了实现让高校里的所有人都能参与到思想政治教育行动中，实现无时无刻，潜移默化地开展思想政治教育，能借助一定的载体和平台，营造良好的校园文化氛围对学生进行全方位，多角度的思想政治教育。宏观上看，我们问题解决的标准、改革创新的方向，尊重客观规律的目的都是"有效性"。为实现机制的良好运行积极进行思想建设、队伍建设、制度建设、载体建设以及环境建设也是以有效性为原则。微观上说，辅导员平日进行思想政治教育工作所采用的手段和方法，教师上课融入思政元素的形式以及学校行政人员进行主流意识形态宣传的方式都应以有效性为原则。所开展的一切文化传播熏陶活动、社会实践活动、心理健康教育活动等等围绕思想政治教育和机制建设的一切活动也要坚持有效性原则。

四、高校思政育人体系构建的必要性

构建高校思政育人体系其实质上还是为了调动高校一切可利用的资源，塑造全员、全过程、全方位的育人格局，满足学生全面发展的内在需求。这是对传统思想政治教育的优良传统的继承和不足之处的发展，是从根本上解决高校思想政治教育实效性不足的重要方式。在新时期积极构建高校思政育人体系有其深刻的必要性。

（一）马克思主义整体性理论的应有之义

在高校思想政治工作中，需要牢牢坚持马克思主义地位，运用马克思主义的立场、观点和方法看待问题，使大学生思想政治教育始终与党和国家的发展方向保持一致。马克思主义整体性理论要求我们在认识事物时把握认识对象的整体性，了解整体功能不等于部分功能的简单相加。在高校思想政治工作中，我们同样要贯穿整体性的研究方法。传统思想政治工作观忽略了人员之间，部门之间，学校与外部环境之间的有机联系，造成育人工作各自为政的不良局面。思政育人体系的提出正是顺应了以马克思主义整体性理论来统帅高校思想政治工作的思想，创新大学生思想政治工作的有效性的新方式。思政育人体系力图将高校思想政治工作从体制上来融合成为一个整体，使每一位教职工都成为思想政治工作者，相互交流，彼此配合；使每一个工作部门都承担育人责任，分工有序，有条不紊；使每一种育人资源都得到有效利用，供给得当。

在定位观上，思政育人体系能科学地处理思想政治教育与智育、体育等关系，将思想政治理论和同其他课程的育人作用整合起来，协调发挥所有育人专业的整体性育人功能，立足于大学生全面发展。在操作模式上，思政育人体系着力完善育人工作的每一项机制，从领导机制到工作机制到评价机制到反馈机制，形成一条无缝对接的整体育人流程，切实解决大学生思想政治工作整体有效性问题。

（二）高等教育内涵式发展的必然要求

党的十九大报告指出要"加快一流大学和一流学科建设，实现高等教育内涵式发展。"①，这在新时代的背景下赋予高校了新的历史使命和更加艰巨的任务，要求高等教育焕发新状态，实现内涵式发展。

高校思政育人体系着眼于数量和质量的平衡，人文和科学的对等，是实现高等教育内涵式发展的重要举措。一方面，构建思政育人体系有利于实现了高校人才培养从数量到质量的跃升。思政育人体系的构建正是着眼于当下高校人才培养中质量、数量不平衡的矛盾，它将矛盾的重点回归到"立德树人"的根本任务中去，重在引导大学生树立正确的世界观、人生观和价值观，努力把当代大学生培育成德才兼备的社会主义建设者和接班人。它是一种立体的工作格局，涉及到高校思想政治教育的具体渠道和详细的工作内容，是促进大学生是全面发展的长效机制，有利于实现大学生从量变到质变的发展。

另一方面，思政育人体系有利于实现高校人才培养从科学到人文的并进。科学精神和人文精神的关系一直是高等教育中的永恒话题，二者存在一定的分歧和对立。受传统体制和思想的影响，我国大学文理专业界限明显，人文精神在社会上受到了漠视，这就造成了人才知识面偏窄和素质难以提高。高等教育要实现内涵式发展，就必须扩大专业面，促进文理相融。要实现科学精神和人文精神的融合发展，离不开高校思政育人体系的构建。思政育人体系追求的是所有课程，无论是公共课还是专业课都应该承担育人功能。课程育人着重挖掘各类课程的人文情怀、社会责任、道德情操、政治理想和价值追求等思想性内容，避免了传统单向度的理性知识灌输。这打破了以往各类课程在科学教育和人教育之间的横沟，特别是在自然课程中忽视人文精神和价值引领的取向偏差，在专业课、思政课、通识课间架起科学教育与人文教育融合共栖的桥梁。

（三）高校思想政治工作科学化的战略举措

高校思想政治工作科学化，一直是思想政治教育研究者探讨的主题之一。构建思政育人体系已然成为高校思想政治工作科学化的重要战略举措。其作用主要体现在以下三个方面：一是强调整体协同，有利于促进高校思想政治工作有序发展。高校思想政治工作范围从教学活动的小闭环一直拓展到学校的管理、服务等整体业务，各部门的工作如何配合，人员如何相互协同，各环节之间如何衔接得当，使得高校思想政治工作变得复杂化。如此，高校思想政治工作的开展无论是在人员安排上还是部门机构设置上必然容易出现误区、盲区和重叠区。因此，思想政

---

① 习近平.决胜全面建成小康社会 夺取新时代中国特色社会主义伟大胜利——在中国共产党第十九次全国代表大会上的报告[N].人民日报，2017-10-28（1-5）.

治工作科学发展就一定要首先做到协调有序。高校思政育人体系在遵循思想政治工作规律、教书育人规律以及学生成长规律的基础上将高校思想政治工作整合为一盘棋，分工明确，布局合理。二是注重关系协调，有利于促进高校思想政治工作平衡发展。高校思想政治工作是一项多部门、多单位、多院系之间的沟通协作，不同部门、单位和院系在供给资源的结构和总量上存在着或多或少的差异，这就导致资源供给不均情况产生，从而使高校思想政治工作出现薄弱环节。思政育人体系一方面致力于挖掘校内外的各种育人资源，另一方面在资源分配的过程中也注重合理问题，达到资源共建共享目的。三是开拓育人渠道，有利于促进高校思想政治工作创新发展。思政育人体系的建设从多个不同渠道出发将思想政治教育贯彻到学生生活的方方面面，是思想政治工作方式方法的一大创新。

第二节　高校思政育人体系的时代特征与价值

一、高校思政育人体系的时代特征

党的十九大后，中国特色社会主义进入新时代，高校思政育人体系也呈现出新的时代特征，具体表现为以下几方面。

（一）参与主体的多元性

在思政育人体系中，高校思想政治教育工作的参与主体除了传统的思政课程一线教育者和学工部门以外，还涵盖了包括高校行政系统、教学科研部门等在内的所有部门的教职工，要把知识教育与价值引导相结合，共同成为为了将学生塑造、培养成素质能力和实践能力过硬的好老师。高校的党政干部更要增强育人意识、提升育人能力，运用良好的顺应时代发展模式的管理模式和管理行为影响和培养学生，发挥真正管理育人的作用；学校范围内的其他服务人员也要立足服务为人的岗位，具体落实服务育人工作；各级党组织、团委要积极开展各类主题鲜明、新颖的育人实践活动,自觉担负起引导、培养的主要职责,发挥组织育人作用。另外，高校思政育人体系还要充分发挥校外社会各层面模范人士的育人作用。

（二）工作内容的丰富性

高校思政育人体系注重知行合一的理念，注重培养新时代社会主义事业的合格接班人。除了常规的思想政治教育讲授和辅导员工作外，高校的所有教学、管理、活动和服务工作都将是高校思政育人工作的实现形式，各项校园文化活动、各类型比赛评比、青年马克思主义论坛活动、学生社团活动、校园景观文化建设、后勤宿舍环境建设等工作均需要承载思政育人的工作内涵，工作内容大大增加。

（三）育人环境的开放性

传统的思想政治教育模式把开展工作的场所主要放在教室，而思政育人体系则更注重以开放的理念，在以教室和校园内活动空间为主之外，把拓展思政教育的实践范围提到重点工作内容中，特别是利用校外社会实践和新媒体网络平台，提高思想政治教育的效能。在校外实践活动中，可以组织学生到革命圣地、改革前沿以及传统文化点参观学习，利用寒暑假开展社会实践活动等，切身的了解中国革命、建设和改革开放的历史和成就，进一步激发学生的爱国主义情怀。

（四）教育方法的科学性

教育方法是实现教育目标的重要手段，对教育工作的效果有直接影响。思政育人模式不仅是教授学生专业知识，还要注重对学生情感、综合素质、能力等多方面的培养，使学生能够掌握更好的主动学习能力、社会生存能力，并树立良好的价值观。在新时代，基于新媒体网络技术的广泛应用，整合现实教育和网络教育有效资源，通过开展多方面结合的方式，提升教育方法的科学有效性，从而促进学生思想道德素质的提升。

二、高校思政育人体系的时代价值

（一）有利于完善高校人才培养体系

大学生是民族、国家的希望，大学生的培养是教育主体的共同诉求。思想政治教育工作在高校人才培养体系中处于统领地位，高校思政育人体系的构建正是高站位地对高校思想整治工作进行统筹谋划的设计方案，是帮助高校人才培养体系补足短板，强化优势的必然选择，有利于新时代高校人才培养体系在适应社会的矛盾变化中不断进行完善、优化升级，开创工作新局面、新态势。

（二）有利于提高高校人才培养素质

高校作为党的意识形态工作的前沿阵地，在多元文化渗透和冲击的大环境下，更加要将意识形态阵地建设工作落实到位，为大学生的全面发展指明正确的方向。在当代大学生的全面发展及综合素质的培养过程中，只有先行对当代大学生施加正向的思想政治教育影响，才能为大学生的全面发展指引正确的方向和道路。此外，高校思政育人体系着眼于新时代，从宏观视角将传统思政工作进行立体化升级，在不同层面满足大学生成长成才的需求，全育人且育全人，在理论与实践中、在生理上与心理上均切切实实提升其获得感、满足感。

(三)有利于提升社会主义高校影响力

建设世界一流大学和一流学科,即"双一流"大学,这是我党在教育领域内所推行的一大重要战略。长期以来,我国对教育工作都予以高度重视,高校建设工作也初步获取了一定的成果,拥有了世界范围内规模最大,增长速度最快的高等教育系统。但与此同时,世界经合组织所公布的调查数据显示,2018年中国25—64岁人口中受过高等教育的比例为17%,而发达国家的水平基本在40—50%左右。由此可以看出,当前我国高校人才培养工作面临着巨大的挑战,与发达国家之间存在较大的差距,我国高校在世界范围内的影响力仍然较低。这既表明了思想政治教育工作对于高校整体工作开展的重要性与必要性,也间接说明了高校思政育人体系的全面构建不仅对"双一流"大学建设任务的推进具有积极影响,更关键的是有利于走出一条面向世界、面向未来的中国特色社会主义高校发展之路,在提升我国高等教育的整体水平的同时扩大国际影响力。

第三节 新时期高校思政育人体系的构建策略

一、强化高校思政育人体系的价值导向

(一)坚持立德树人的价值导向

1. 立德树人是社会主义高校的立身之本

长期以来,高等院校承担着源源不断地向社会输送大量人才,培养具有良好道德品质、丰富知识和扎实本领的合格、优秀的社会主义事业的建设者与接班人教育重任,把握并坚持正确的政治方向是一切工作开展的前提基础。2016年,习近平主席在全国高校思想政治工作会议中明确"高校立身之本在于立德树人""要坚持把立德树人作为中心环节",培养出一流人才的高校,才有机会成为世界一流的大学。[1] 中国特色社会主义高校是在中国共产党的领导下,在马克思主义理论的指导中建立发展起来的,只有牢牢把握住人才培养的核心,将党的教育方针政策贯彻并落实到具体的工作实践之中,面向广大学生,坚持立德树人,进行深度的马克思主义理论教育工作,才可以为大学生未来的成长与发展奠定了科学的思想基础。当今形势要求我们要把立德树人贯穿于高校教育教学全过程,这不仅事关大学生的健康成长和全面发展,更事关党和国家的发展后劲和前途命运。

---

[1] 习近平. 习近平在全国高校思想政治工作会议上的讲话[N]. 人民日报, 2016-12-09.

2. 围绕立德树人构建思政育人体系

从目的性质上看，立德树人不仅强调德行的培养，更加强调成人的塑造，这与思想政治教育工作旨在实现人对"物的依赖"向"自由个性"回归的本质是一致的。从结构层次上看，立德树人在实践中需要遵循教书与育人、教育与自我教育、政治理论教育和社会实践、解决思想问题与解决实际问题、教育与管理相结合的基本原则，具体落实可以分为三个层面，即理论精神层面、制度法规层面以及实践活动层面。在理论精神层面中主要包括了教学课程、校园文化以及审美艺术三个方面的途径与方法；在制度法规层面中包括了相关法律规范、规章制度机制以及管理服务三个方面；在实践活动层面包括了整体合力、礼仪规范以及实践活动的三种途径与方法，这些内容均与高校思政育人体系的创建之间具有严密的契合性。因此，高校要始终紧紧围绕立德树人这一价值导向对思政育人体系进行建构。

（二）以育人规律为遵循提升实效力

2016年习近平总书记在全国高校思想政治工作会议中提出："做好高校思想政治工作，要因事而化、因时而进、因势而新。要遵循思想政治工作规律，遵循教书育人规律，遵循学生成长规律，不断提高工作能力和水平。"[1] 2017年《纲要》再次提出："坚持遵循规律，勇于改革创新。遵循思想政治工作规律、教书育人规律和学生成长规律……"[2] 可见，思想政治工作规律、教书育人规律和学生成长规律这"三大规律"对于办好学校、培养人才具有重大指导意义。规律是对事物潜在联系的把握，人们虽然不可以创造规律，但可以通过改变规律发生作用的具体条件来改变规律发生作用的形式。我们也可以通过把握"三大规律"的潜在联系和作用形式来更好的指导高校育人工作。

1. 认识"三大规律"的科学内涵

尊重客观性认识和把握"三大规律"的科学内涵，是新时期高校思想政治工作制定目标、内容和原则的前提，也是确定思想政治工作方式方法的客观依据。高校思想政治工作要为党和国家的发展服务，要为社会主义现代化建设服务，具有鲜明的政治性。这决定了思想政治工作必须遵循客观规律，它回答了"为谁培养人"这个问题。思想政治工作规律以马克思主义为指导，坚持真理性和价值性的统一，国家情怀和个人发展的统一，并且要求通过合理灌输来形成人的正确思想。遵循教书育人规律和学生成长规律是从教师和学生的角度回答高校"如何培养人"的问题。将教书育人上升到规律层面，也就是挖掘教育者在培养受教育者的过程

---

[1] 习近平在全国高校思想政治工作会议上强调：把思想政治工作贯穿教育教学全过程 开创我国高等教育事业发展新局面[N].人民日报，2016-12-09（1）.
[2] 中共教育部党组.《高校思想政治工作质量提升工程实施纲要》[Z].2017-12-04.

中展现出来的教书和育人之间固有的本质联系。从而克服以往教书育人的盲目性和随意性，增强教书育人的自觉性。高校思想政治教育的对象是大学生，了解了学生成长规律就握住了思想政治工作的脉搏。学生的成长受到不同主客观因素的影响，在成长过程中表现出不平衡性和个体差异性，但依然有规律可言，有规律可循。

2. 促进"三大规律"的有机统一，增强协同性

将思想政治工作规律、教书育人规律和学生成长规律这三大规律置放在一起，就必然有特殊的缘由。"三大规律"是有机统一的整体，呈现出协同性特征。高校思想政治工作的主体是学校党政人员、班主任、辅导员和思政哲学课教师等等，工作对象既包括老师，也包括学生。"三大规律"把执政党、教师和学生三个因素汇集到一起，透过三个主体的联系也可以看到"三大规律"的紧密联系。遵循思想政治工作规律可以保证社会主义办学方向，解决的是"为谁培养人"的问题，这为教书育人和学生成长奠定了又红又专、德才兼备的方向；教书育人规律和学生成长规律解决的是"如何培养人"的问题，是具体的途径。并且，"三大规律"殊途同归，最终落脚点都是人的全面发展。

3. 构建"三大规律"的长效机制，遵循系统性

高校思政育人体系的进一步发展和完善，迎合了时代发展的要求，突破了以往停留在教书育人层面的局限性，丰富和拓展了教书育人的内在要求，加深了对学生成长成才密切相关领域的关注度。以建立体系代替原本育人渠道的各自为政，是遵循"三大规律"系统性的表现。为了构建"三大规律"的长效机制，还要从系统性和整体性出发，打造全员全过程全方位的立体育人格局。在思想政治工作推进的每一个具体环节，无论是育人理念的确立、机制体制的构建，还是教育方式的选择、队伍建设的原则，都要融入思想政治工作规律、教书育人规律和学生成长规律。

（三）以立德为根本坚持德育先行的原则

1. 立大德：铸牢理想信念

所谓立大德，指的是要铸造大学生坚定的理想与信念之德。当前国内外多种思潮暗流汹涌，一定程度上对求知欲强、三观正处于成型期的大学生在塑造坚定信仰和民族自信层面造成了一定冲击和影响。如果大学生不能树立正确的理想道德信念，那么在成长过程中极有可能会被外界的诱惑所腐蚀，甚至可能会自甘堕落。因此，在高校思政育人体系的创建工作中，必须要紧紧围绕立大德这一根本要求，将理想信念的塑造置于首要的地位，引导学生厚植爱国主义情怀，热爱和拥护中

国共产党，对马克思主义"真信、真学、真懂、真用"，做到心中有爱国之情，脚下践爱国之行。

2. 立公德：严守社会公德

大学生作为社会主义事业建设的主要后备接班力量，每一个个体所代表的都是整个高层次人才群体的形象。在校园这个"小社会"的环境中，推动其养成良好的公德习惯，可以帮助大学生在更好地适应社会规则的基础上发挥好模范带头作用，推动整个文明社会风气的营造。就当前情况来看，校园失德失信情况时有发生，甚至一些违背社会公德的行为产生了群体性蔓延的迹象，在校大学生的社会公德整体水平仍然需要进一步的提升。因此，在高校思政育人体系的创建中，要注重社会道德的浸润，引导当代大学生严格遵守社会公德，培养塑造其社会责任感和感恩之心，积极主动承担起当代大学生的社会责任，对我国良好社会风气的营造起到表率的作用，发挥应有的价值。

3. 立私德：培养高洁品质

所谓私德指的是大学生的个人道德品质，每一个大学生个体的道德品质，都将会对大学生整体的道德水平与形象造成影响。高校面向大学生所开展的思想政治教育工作落实到具体层面上，也就是对大学生的个人道德水平所提出的标准和要求。培养高洁的个人品质，是高校思政育人体系创建工作的价值追求，也是一项重要任务。

（四）以树人为核心培养担当民族复兴大任的时代新人

1. 培养有实践能力的人

培养担当民族复兴大任的时代新人，首先要求培养大学生的实践能力。空谈误国，实干兴邦。通过思想政治教育对大学生的思想观念进行影响，最终还是要回归到实践领域，将其外化为推动社会发展的具体行动。因此，在构建高校思政育人体系时，强调实践活动能力的培养是不可缺少的环节，要能使学生把书本层面的知识真正意义上的转化应用到实践活动中之中，为大学生道德行为规范的养成起到纠偏作用，将理论知识转化为真实能力，让大学生在自主解决实践问题中提升自身的素质水平。

2. 培养有世界眼光的人

培养担当民族复兴大任的时代新人，要求培养大学生的世界眼光。种种迹象表明，中国特色社会主义事业的建设工作，与国际形势、世界发展之间的关联是十分紧密的。大学生作为社会主义事业的建设者及接班人，必须要做好了解国际形势、了解世界发展的充分准备，才能更好地服务于社会主义事业建设。"得其大者可以兼其小"，高校思政育人工作要把培养学生世界眼光，提高大学生战略敏锐性作为目标之一，在学生正确认识世界、评价世界的过程中教育、引导学生，使大学生能够以客观、理性的眼光看待世界发展，真实、全面地了解中国在世界中的地位和发展方向，明确趋势，找准位置和切入点为国家繁荣复兴添砖加瓦、贡献力量。

3. 培养有创新能力的人

培养担当民族复兴大任的时代新人，要求培养大学生的创新能力。创新是社会进步的驱动力量，创新国家的建立需要全面提升国民的创新素质。大学生是我国高等教育的培养对象，是社会建设的活跃力量，是推动国家发展进步的新鲜血液，能够为中国特色社会主义事业建设带来全新的视角和眼光。在高校思政育人工作中，要对大学生进行渗透教育，向大学生传递创新的思想观念，培养新时代大学生的创新性思维，为社会发展培育永生力量。在高校思政育人体系的创建过程中，既要以创新性的思维作为指导，对以往的教育理念、教学机制、教学方式方法进行创新和转变，学习更加先进的技术手段，为思政育人工作创造更多的新意，在无形中感染和熏陶大学生的思想，又要让大学生参与到与双创相关的活动之中，培植打破陈规、推陈出新的意志品质，从而以继往开来的精神面貌开辟社会主义建设新局面。

二、优化高校思政育人体系的组织运行

（一）强化党委的全面领导，提升组织凝聚力

无论何时，无论何地、无论何事，党的领导都是我们所要坚持的唯一和绝不动摇，高校思政育人工作更是如此。习近平总书记也曾强调过："办好我国高等教育，必须坚持党的领导，牢牢掌握党对高校工作的领导权，使高校成为坚持党的领导的坚强阵地。"[1]

1. 把握高校思想的话语权

以党的领导为核心，一个核心要义就是要牢牢把握高校思想的主导权，也就是让党的指导思想、方针、政策在校园思潮中唱主角。这就要求我们在今后的高校教育工作要多角度、多领域、多层次地推动中国特色社会主义理论与实践的深

---

[1] 习近平在全国高校思想政治工作会议上强调：把思想政治工作贯穿教育教学全过程 开创我国高等教育事业发展新局面 [N]. 人民日报，2016-12-09（1）．

度融合，建设具有中国特色的社会主义高校。

一是要坚持不懈地进行马克思主义基础理论的传播，及时用马克思主义中国化的最新成果武装大学生的头脑。加强通识教育，是所有高校教学的一项重要任务，为学生奠定科学的理论基础。

二是要坚持不懈地弘扬社会主义核心价值观，以此来规范师生的言行。社会主义核心价值观包含了新时代社会主义新人所应具有的品质，广大师生都应该做它的信仰者、传播者和践行者。

三是要坚持不懈地打造优良校风和学风，营造和谐有序的校园环境。校风和学风直接影响着学生的行为习惯，也影响着育人工作中隐性教育的发挥。

2. 完善高校党委治理体系

在高校坚持党的领导，一个很明显的体现就是坚持党委领导下的校长负责制。党委领导下的校长负责制有两个核心内涵：

"党委领导"集政治领导、思想领导和组织领导三方面一体，负责进行集体决策；"校长负责"是指在具体工作中校长负责指挥、管理和执行。

二者相互合作、互相依存，既确立了党委在高校领导中的核心地位和社会主义办学方向，又保障了校长独立负责卓有成效地完成工作。坚持党的领导要抓好党委领导这一关键，不断完善高校党委治理体系。从制度上对党政职权的划分、成员权利、议事程序和决策规则加以明确规定，保证党委的核心领导地位，校长依法行使职权；推进从严治党，加强高校党的思想、组织、作风建设，并不断创新工作思路，提高党建科学化水平；构建现代大学制度，在治理结构上形成多元共治模式：党委领导、校长负责、教授治学、民主管理。

3. 加强高校基层党组织建设

基层党组织在高校党建中的作用不可小觑，是未来领导层面的后备军，也是现在基层治理的重要战斗力。星星之火，可以燎原，也可以照亮一片。加强基层党组织建设，可以更加巩固党在高校的核心领导地位。要进一步发挥好学院党委或党总支的核心作用，选配优质的党支部书记，改进方式方法，做好全员基层统领工作；抓好教职工和大学生的党支部建设，把党组织建设放在日常中去，如教学团队、科研团队、学生社团之中，扩散党的影响力；做好普通党员的跟踪教育和再教育工作，真正促使每一位党员爱党、敬党、为党、言党，提高党的号召力和凝聚力。

（二）构建多方联动的协同工作运行机制

建立联动发展的育人体系是高校思政育人体系的题中应有之义。思政政育人体系的核心就是实现多方联动,共同推进立德树人工作的发展,即通过优化配置高校内部各个部分、高校与高校之间的关系,从而实现高校落实立德树人根本任务的最大效果。

1. 强化学校行政管理部门的育人职责

要进一步对高校行政管理部门的育人职责进行强化,协调好各部门之间的关系。学校行政管理部门在高校中属于顶层设计范畴,肩负着重要的管理职能,必须强化其在高校育人体系构建中的育人职责。首先,对行政管理人员进行思政育人体系构建工作分工,让不同的管理部门或者人员分管思政育人工作的不同内容,将工作进步程度、质量等责任落实到具体部门和个人。

其次,学校行政管理部门必须公开在思政育人体系构建工作中各岗位负责人、工作制度、工作形式以及工作内容和服务范围等信息,从而有效地缩短因其他参与者对本校行政管理部门具体工作安排导致的大量时间的浪费,更好地提升服务效率和质量。再次,充分激发行政管理人员的积极性和主动性。行政管理人员是确保行政管理措施得以贯彻落实的重要组成部分,必须激发出这一群体的积极性和主动性。可以通过奖励方式,对在思政育人体系构建工作中表现突出的人员进行表彰,从而达到激励作用。同时实行人性化管理,结合科学化、规范化,在增强管理人员积极性的同时增强行政管理人员之间的工作经验交流以提升集体意识和成就感。

最后,通过学校行政管理部门协调好其他部门在思政育人体系构建中的协同合作。学校行政管理部门在思政育人体系构建中要统筹规划、对各个部门实行明确的思政体系构建工作分工,从而实现部门之间互相配合以推动思政育人体系的构建。

2. 加强校际之间的交流协作

把高校思政育人体系看作一个相互联系的整体,而不是单一存在的体系构建,这在客观上要求加强校际之间的联系与合作。一方面,建立高校之间的协同育人机制,在思政育人体系构建的相关政策制订中需要不同高校共同参与商讨,从而制订出合理的政策制度,用制度保障思政育人体系构建工作的顺利开展;另一方面,建立教师优质资源共享机制和交流平台,吸收不同高校思政育人体系在实践中的正确的、先进的发展理念和模式,通过取长补短不断促进专业课教师的思政教育教学能力。要建设好资源共享机制和交流平台,就需要投入更多的建设经费,而这些经费的来源可以从教育部申请、政府帮助、企业捐款等渠道获得,改变以往单纯依靠学校拨款经费局面,从而实现经费来源多渠道化。

三、统筹高校思政育人体系的覆盖场域

高校思政育人体系的建立不仅仅是学校的责任，涉及的范围也不局限于校园之中。它是高校全体教职工的根本任务，是家庭、学校、社会共同的责任。鉴于此，高校必须致力于打造育人共同体，统筹家庭、学校、社会这三个育人平台，明确家庭教育、学校教育和社会教育各自的功能定位和工作重心，切实解决当前家庭教育和学校教育在育人共同体中存在的缺失错位现象。

育人共同体并非特定的教育实体，而是育人主体之间基于共识性育人目标而形成的联合体，大家"心往一处想，劲往一处使"。打造育人共同体，通过系统化设计、制度化安排、针对性举措，将育人场域糅合在一起，既发挥学校的主场优势，又能有效融入社会育人平台，更可以链接基础家庭教育。

（一）发挥学校主场优势

客观而言，大学生相当大的一部分时间是在校园之中度过的，上课、科研、自习、社团活动等等都离不开学校这个场域。思政育人体系工作的开展也很大一部分依托于学校，需要借助于学校的人力、物力资源。

并且相对来说，学校这个育人场域具有半封闭性特征，育人工作的领导权、育人队伍的素质能力、育人过程的掌控度以及育人实效方面都较高于其他育人平台。既然学校拥有得天独厚的育人优势，那么我们更要好好把握这个契机，进一步发挥学校主场优势，完成好各个渠道的育人工作。

高校要加强校情、校势分析，找准自身优势，化解自身不足。以学校为育人主场，就该充分了解本校的具体情况和发展态势。高校有偏理工科、偏文科的以及综合性大学之分，也有职业学院和本科院校之分。每个学校的育人工程的进度和质量肯定不一样，学校内部思政育人的发展也不是统一步调的。理应从学校实际出发，一方面以课堂教学改革、学校管理体制完善、特色活动推进等方面为突破点弥补学校思政育人工程的薄弱环节，另一方面找准本校育人长处所在，进一步发扬。

（二）融入社会育人平台

学生思想道德的发展变化不仅与学校的教育息息相关，还要受到社会大环境的影响。我们要将学校与社会结合起来，将学生送入社会这个更广阔的育人平台。并且深刻认识到在新时代下坚持学校、社会共同育人的重要性和紧迫性，切实把这项工作抓好、落实。

融入社会育人平台，先要让学生敢于"走出去"，多多参与社会实践。这就需要学校达成校企合作，开辟德育基地。高校可以通过实地考察、岗位实践、企业座谈等方式，将学生下放到企业，接触到企业的实际运行，以此帮助学生形成

正确的职业观。校企合作还应该是在学校教学和管理中融入企业文化，将企业所倡导的诚信、创新、竞争、效率、敬业等积极观念渗透到校风、学风、教风等核心理念中去。

同时，融入社会平台，也应该坚持"请进来"。"请进来"，主要是指学校把社会中一些知名专家、学者、道德楷模和励志人物请进校园中来，或者是根据各院专业的不同，有针对性地邀请各领域拔尖人才。通过这些人物现身说法，发挥他们的榜样激励作用，以生活实际经历触动学生内心，这对学生的思想转化作用巨大。

（三）链接基础家庭教育

学校教育有学校教育的优势，利于组织；社会教育有社会教育的长处，资源丰富、平台广阔；家庭教育也有家庭教育的好处，更具教育隐性气质。学校教育、社会教育和家庭教育独具特色，优势互补，三者的和谐统一是提高育人实效的必然要求。但是很显然在当前的育人实践中，家庭教育一直处于缺位状态，仿佛将子女送入高校家长的育人使命就完成了。这就导致很多家庭对子女在高校的生活、学习情况一无所知，学校也忽视了与家庭的沟通协作。链接基础家庭教育，是通过思政育人体系进行全方位育人的必然之举。一是要转变观念、达成共识。在学校与家庭的合作中，双方先要意识到学生是他们之间共同的教育对象，是以学生身心健康发展为出发点。随后明确双方的各自职责所在，找准自身的角色定位，不能越权或是相互推诿。二是要开辟家庭与学校的合作渠道。家长是家庭教育的主体，应该积极主动参与合作。家长天然的身份便于与学生更加亲近，并且有部分家长有时间也有能力来参与到教学活动中去。学校也可以定期或者不定期邀请人生阅历丰富、文化层次较高的家长到校做报告和讲座，谈谈与学生生活息息相关的内容，比如就业、亲情友情、技能和文化知识等等。三是要建立健全学校和家庭合作体系。虽然学生都来自五湖四海，家庭分布在全国各地，但是可以利用现代的信息化手段来密切联系。学校有义务向家长提供联系方式，为他们了解子女情况提供便利。同时也要分学期或者学年让每位学生对自己的学习、生活情况做一个总结，将结果及时反馈给家长。这不是面子工程，也不是一年半载就可以完成的，要以规章制度的形式固定下来，形成传统。

四、营造高校思政育人体系的全员合力

（一）营造高校教师育人合力

构建高校思政育人机制，教师是关键，要抓好教师在思政育人中这一"主力军"。

抓教师关键，必须构建好教师协同育人素质提升机制，加强教师队伍质量建设，解决好在思政育人机制构建中教师队伍中存在的问题。

1.提高教师政治意识

在高校思政育人体系建设的过程中，教师们不仅需要承担专业课的教学任务，还需要承担"立德树人"的根本重任。高校应该培养及选拔出一批优秀的骨干教师队伍，通晓天文地理、古今中外、前沿科学技术的，经历丰富的师资力量来支撑高校思政的高水平教学。在这一过程中，教师自己的思想政治意识必然要先合格达标，如此才能够在教学的过程中以"立德树人"的标准去启发学生、感染学生。因此，应从以下几个方面来提高教师的思想政治意识：

第一，思想政治理论课教师要坚定自己的信念、坚持马克思主义信仰。高校在引进思想政治理论课教师的时候，要严把聘用标准、保证教师具有较高的政治意识。在思想政治理论课教师培训过程中，要引导教师树立终身学习的观念，继续加强对马克思主义经典著作的学习和实践，进而增强思想政治理论课教师的政治信仰。

第二，其他课程教师要充分展现"育人职责"、全面挖掘"育人资源"。这就要求高校教师要时刻清楚"课程思政"的教学目的，要加强自我管理约束工作，以身作则为学生们树立起一个好榜样，坚定自己的立场，尽可能将人文素养和人文关怀融入课堂教学的各个环节中去，以此来帮助学生们树立高尚的道德标准和社会责任感。

第三，所有教师要时刻关注国内外热点事件，了解社会上出现的大事小情，善于发现，善于总结，勇于创新，敢于承担。要积极主动学习党史，党章，使自己的思想，思维能够与时俱进，同时能跟住党的发展脚步，确保教师的思想与党的思想相统一。

2.加强高校教师的师德师风建设

习近平总书记在全国高校思想政治工作会议上强调："高校教师要坚持教育者先受教育，加强师德师风建设，以德立身、以德立学、以德施教。"[1]高校在日常教学管理中不但要对教师进行岗位技能培训，提升教师的科研能力和教学水平，更要加强高校教师的师风师德建设。所谓师风师德建设，我们从字面上就可以清楚地了解其含义，"师德"就是要求高校教师要具备最基本的道德素养，爱岗敬业、钻研学术、教书育人，"师风"就是要求高校教师要端正行为作风，以身作则、加强学习、关爱学生。

---

[1] 习近平总书记在全国高校思想政治工作会议上的重要讲话 [N].人民日报，2016-12-09（01）.

首先，要树立高校教师爱岗敬业、乐于奉献的职业精神，教师的本职工作向来就是教书育人，新时代高校教师更要紧跟时代步伐，坚持育人为本、德育为先的教育方针，不断加强学习，提高自身的综合素质和各项能力，提升思想政治素养，坚守职业道德，强化业务能力，提高育人水平，坚持立德树人，在传授学生专业知识和技能的同时，加强思想政治教育。教师不但要使学生在大学生涯中获得丰富的知识和技能，更要引导学生树立正确的世界观、人生观和价值观，成为各方位全面发展的高素质顶尖人才。

其次，高校教师加强师德师风建设，其中很重要的一点就是教师要处理好师生关系，与学生建立良好的师生关系，这是教师顺利开展教学活动，进行课程思政建设的重要保障。教师与学生要成为"亦师亦友"的关系，彼此信任、相互理解、相互包容，教师要融入学生群体，只有站在学生的角度，理解学生所思所想，充分理解、尊重和关爱学生，才能真正参与学生的成长过程。

最后，通过教学过程当中思政教育的实施，充分践行立德树人教育理念，以身作则、关爱学生，做学生的良师益友，成为学生学习生涯的领路人，在日常教学过程中要营造良好的德育环境和学习氛围，让德育贯穿课堂教学的全过程，高校教师真正实现"身正为范，以德育人"。

3. 加强教师教学素养

教师的教学素养主要可以表现在两个方面：一方面是看教师是否有做到认真充分备课；另一方面是看教师是否可以将最新的德育理念、正确的思想政治意识引入到课堂教学中去。课程教师只有具备了较高的教学素养才能够游刃有余地进行思想政治教育。因此，应从以下几个方面来加强教师教学素养：

第一，各科教师要养成学习探索的职业习惯。这就要求教师在平时的生活和工作中，多关注思想政治教育的最新研究成果，以及相对先进的方法论，在上课的过程中，积极地将最新成果和方法论践行到自己的课堂中去。

第二，各科教师要处理好课堂"学理性"与"政治性"的关系。这就要求教师在上完课程之后，要做到积极总结思想政治教育的教学效果，及时评价哲学社会科学意识形态在思想政治教育过程中所可以发挥的效果。并及时地撰写论文，将思想政治教育的实践成果转化成理论成果，与同行们展开及时地沟通和探讨，使教师能够坚定地"守住一道渠"，在与"主渠道"同向而行的同时，展示出育人职责。

第三，各科教师要积极参与培训和听课活动。这就要求教师要定时、定量地参与学校所组织的培训教育活动，并与其他教师展开实践研究方案，彼此深入到课堂中去进行听课，听课完了以后要及时撰写听课感受，并与其他教师进行评论探讨，以此完善教师们思想政治教育的教学过程，提高思政教育的教学能力。

第四，教师都要善于整合资源。所有教师都要善于利用各类资源以及平台进行教学素材的整合，能主动发挥创造性去钻研各类学科当中共有的特点和个有的优势，进而深层次剖析并挖掘思政元素。高校教师要充分发挥各科优势与联动性，积极向思想政治教育靠拢，使得各科与思想政治理论课能够互相促进，互相提高。

第五，要充分展示出各学科老师的特长从而提高教师的内在影响力。自觉保持"立德树人"的积极性，不过分依赖专家对于课程的研究，主动培养自己的育人功能。同时，高校也应该积极响应国家号召，加大力度去宣传并鼓励教师队伍去发现、发掘自身内在影响力。通过多种渠道，多种方式去激励教师，尤其是年轻教师，潜力学者能够自发地加入思政育人建设队伍中来，共同为思政育人体系的构建贡献自己的力量。

第六，教师要加强对教学内容的质量把关。在不断地挖掘各类课程中的思政元素的同时，要做好环节的把关，质量的把关，内容的把关。可以根据具体情况临时成立遴选小组，对现有课程以及已开发出的思政元素进行整理和筛选，并进行最合理、最科学的搭配。组织教师集体备课，研究讨论"课程思政"计划，在具体确定的思政育人教学计划中，设计好教学内容、组织好课后辅导、探索思想政治教育内容、交流教学经验。提升对课程的把握，从而提高课程的质量。

（二）营造高校辅导员育人合力

1. 引导高校辅导员强化思想政治教育职能意识

职能意识就是指人们对自己工作职能的了解程度。高校辅导员职能意识反映的是其对自身在高校育人体系中的地位和作用的认知程度。正确正向的职能意识能为辅导员提供源源不断的工作动力，既能推动辅导员队伍整体发展，也能显著提升工作效率，所以强化高校辅导员的思想政治教育职能意识对于维持辅导员队伍稳定、提升高校思想政治工作质量都十分重要。高校要将提升辅导员思想政治教育职能意识作为辅导员队伍建设的重点环节进行系统设计并分步实施。

一方面，加强辅导员职业认同教育。面向新上岗辅导员和有需要的教职员工阐明辅导员工作的价值，让他们知道辅导员在高校"全员育人"格局中的特殊地位，是大学校园里最贴近学生的教育工作者，是最了解学生的老师，也是学生最信任的老师，对学生成长有着全方位且持续性的影响，对高校培养的人才"合格"与否、"可靠"与否都影响至深，其职业价值不可替代。另一方面，为辅导员搭建展示专业能力的舞台。近年来教育部为辅导员打造了两个"国家级品牌"，其中辅导员年度人物评选让诸多优秀的辅导员从幕后走到前台，其优秀事迹的广泛传播极大提升了辅导员的职业自豪感；辅导员素质能力大赛则展示了辅导员开展思想政治教育的过程和细节，秀出了辅导员"硬核"能力所在。对此，高校不能以应付教育行政部门工作要求的姿态对待，而是要大张旗鼓地在校园内推动这两个品牌活动，让辅导员"亮"起来，自豪起来。

2. 引导高校辅导员明确思想政治教育职能定位

纵观我国的辅导员制度发展历程，贴近学生开展思想政治教育始终是辅导员的核心职责，这是我国高校独有的特色制度，明显区别于国外的学生事务管理工作者，高校要引导辅导员清晰认识这一职能定位并自觉履行。一是准确做好辅导员工作相关上级文件的解读。仔细阅读《高等学校辅导员职业能力标准（暂行）》，不难看出，贯穿辅导员九大职业功能和初、中、高三级职业能力要求的，就是辅导员履行思想政治教育职能的能力要求；在教育部43号令中，辅导员九大主要工作职责也是明确将"思想理论教育和价值引领"摆在首位，辅导员思想政治教育职能的核心地位不言而喻。二是清晰认识辅导员教育、管理、服务职能的关系。辅导员的各大职能必然是不可分割的，正确认识并处理好思想政治教育与管理、服务及其他内容教育的关系，是辅导员能否切实履行职责的前提。与大学生学习生活息息相关的管理、服务等事务性工作都是辅导员开展思想政治教育的重要载体，也是辅导员工作的特有优势。辅导员面对这些与学生关系密切的事务性工作不应该想着如何逃避，而是尽可能依靠学校硬件建设或发挥主观能动性提高工作效率，并在其中充分融入思想政治教育元素，在解决学生实际问题的同时深入开展理想信念教育、社会主义核心价值观教育，自然事半功倍。三是着力增强辅导员履行思想政治教育职能的自觉意识。辅导员将开展大学生思想政治教育变成自觉行为的过程定然需要良好的氛围和长期的努力，高校既要在顶层设计上围绕"立德树人"根本任务明确辅导员的思想政治教育职能定位，形成自上而下的推力，也要注重培育典型，发挥高年资骨干辅导员的示范带动作用，以同行中的育人典范影响、感染团队，形成由点及面的辐射力，让开展思想政治教育成为辅导员在日常工作中的"条件反射"。

3. 引导高校辅导员提升自身素质能力

高校辅导员"人生导师"与"知心朋友"的特殊角色定位，赋予了辅导员职业价值更丰富的内涵，也意味着更高的工作要求。高校辅导员的理论功底、工作方法、语言及文字表达能力、组织动员能力等综合素质，直接决定了其能否正常履行思想政治教育这一核心职能。高校要通过辅导员培训、素质能力竞赛、团队项目建设等教育活动，引导辅导员针对性地提升自身素质能力以适应思想政治教育工作需要。一是要系统掌握党的政治理论知识。此外，思想政治教育原理和相关的法律法规等专业知识，都是保障辅导员在工作中少犯错误、少走弯路的制胜利器。辅导员在这些知识的学习掌握上，不应有半点马虎，不仅要认真牢记，更要系统理解，内化为自身理论素养。二是要深入掌握开展思想政治教育的方法。辅导员不仅要埋头苦干，及时出现在学生需要的地方帮他们解决实际困难，牢固建立起"知心朋友"般的信任关系，更要抬头看路，切实把握环境变化和学生特点，洞悉学生成长规律，因材施教，不断创新工作载体和方式，真正把"人生导师"的角色扮演好。三是全面提升与履行思想政治教育职能相匹配的能力。辅导员要能"言传"，必须有良好的语言和文字表达能力，可以清晰准确的传递信息，交流沟通，要有洞察力，懂得换位思考，把思想政治教育的话语体系表述得贴近学生生活实际，既"接天气"也"接地气"。辅导员更要"身教"，要将掌握的思想政治教育知识内化为自己的人生信条和具体行动，争取成为学生的"偶像"，在日常工作和生活中，把脚踏实地、勤学善思等能力素质传递给学生，达到思想政治教育的目的。

（三）营造高校机关教辅人员育人合力

机关教辅人员也是搭建高校思想政治教育体系不可或缺的一股力量，要形成育人合力，需要他们的配合。

机关教辅人员将本职工作与思想政治教育工作融合最直接有效的办法是改变工作无意义，熬日子的心态，能自发地将更高层次的管理服务水平作为自己的追求的目标。机关教辅人员管理服务能力的提升能促进服务形象的变化，能潜移默化地感染学生，对于学生来说也是一种无形的思想政治教育。

每一个行政岗位的人员都是在为教学服务，都在为保证学校的正常运转服务；食堂的大厨和阿姨每天凌晨四、五点开始在食堂忙碌，保证给学生提供美味的食物；每位校医室的医务人员用心医治每一位患者，保障师生的身体健康；保安大叔每天风雨无阻地在学校范围内巡逻，保护校内人员的安全；学生公寓的阿姨每天检查宿舍卫生、监督宿舍用电安全，保障学生在宿舍的生命安全。

机关教辅人员所做的事情细小且繁杂，但是只要用心去做，给学生呈现出好的形象，学生能从中感受到服务的力量，对学生来说那也是一种理想信念的教育，能让学生在现实生活中真正领悟到"中国梦"成真，离不开个人的努力，能让学生感受到"社会主义核心价值观"中的"敬业"的深刻含义。

综上，只要机关教辅人员万众一心，树立为学校、为学生服务的意识，通过开展座谈会、实地观察等多种方式，全面了解师生的实际需求，自我检讨服务工作做得不到位的地方，不断提升服务能力，这对学生来说无疑也是一种无形渗透式的思想政治教育。

集学生辅导员、所有教师以及机关教辅人员的力量,在高校内形成全员育人的格局,是高校思想政治育人体系构建的一大标志,同时,高校所有人员思想一致,才能达到行为一致,为机制的建设奠定思想基础和人员保障。

五、开拓高校思政育人路径

(一)坚持育德与育心相结合明确心理育人功能

心理育人是指教育者通过有计划、有目的对受教育者进行心理上的积极评估、干预、影响,提升其心理品质,从而培养出人格健全的人。

当代大学生的课业压力及考试负担较大,加之人际交往等方面所带来的隐性负荷,可能会引起大学生心理、精神状态的异常波动,这不利于大学生健全人格的形成和全面发展,从而也在一定程度上对大学生思政教育工作的开展造成阻碍。

育心是育德的基础,将育德、育心两者进行充分的联系,创建全面的心理健康教育工作格局,是构建高校思政育人体系的内在要求,具体包括以下几个方面:

首先,要加强对大学生的人文关怀以及心理疏导。无论是思政课程教师、专业课教师,或者是辅导员、管理教师,都要对大学生的思想及精神动态变化情况高度的重视,与大学生进行常态化沟通与交流,了解大学生心理问题的产生根源,继而帮助大学生解决这些困难,疏导和分担大学生的精神压力和心理负担。

其次,高校要创建集"教育教学、实践活动、咨询服务、预防干预、平台保障"为一体的心理健康教育工作机制。一方面,高校要创造条件,开设心理健康必修课,修建心理咨询室,对大学生进行精准心理辅导。通过科学建档,制订符合教育规律和学生成长规律的科学评估体系,向大学生传递正确的思想道德与价值观念,培养大学生正面、向上、健康、积极的人生态度,勇于面对学习、生活中所遭遇的困难和挫折。畅通与专业心理机构与医院的绿色通道,针对心理存在严重问题的学生给予特殊治疗与照顾。

(二)坚持德治与法治相结合严格管理育人方法

管理育人是指高校在规章制度、群体公约体系层面对大学生行为习惯进行管控,以实现对大学生思想政治教育工作的基础保障。

近年来中国特色社会主义治理体系进程持续深化,而其中的显著特点之一,便是依法治国与以德治国两者的有机结合。法治的优势和特点集中在强制性、明确性、规范性、普遍性以及平等性方面,但是法治的不足之处在于,法律法规的出台与修订带有滞后性。德治的优势中体现在调节性、广泛性、内在性等方面,但是其不足之处在于强制性和规范性薄弱、评价标准的多元主观性强。坚持德治与法治相结合可以实现两者的优势互补，不断提升我国的治理能力和治理水平，这也为高校思政育人管理体系的生成提供了逻辑前提。在高校思政育人体系的构建中，既要进行制度化的管理，对大学的章程、规范、制度、校规校纪等规定进行健全和完善，面向全体大学生展开法治教育，增强当代大学生的法律观念和守法意识，全面提升高校的教育治理工作的公平性，以校规校纪对学生行为进行硬性把控、约束，打造现代化的教育治理工作体系，为高校思政育人体系的创建提供保障性措施。又要处理好管理目标和管理内容之间的关系，采取春风化雨般的方式方法，净化校园的不正之风，培养正面向上、健康的校园风尚。以道德教育对学生进行软性感染和熏陶彰显高校思政教育的人文关怀和专业化水平，增强管理系统内部的黏合性。

（三）坚持"扶困"与"扶志"相结合提高资助育人水平

所谓资助育人指的是要将"扶困"与"扶智""扶志"联系到一起去。高校要创建长效的资助育人机制，形成国家层面、学校层面、社会层面以及学生层面四者并存的资助体系，不仅要对面临生活困难的大学生提供物质层面的帮扶，使大学生在校期间的生活没有后顾之忧，而且要把无偿与有偿资助、显性与隐性资助等不同形式的资助结合到一起，在物质帮扶的同时，也从精神层面上对学生进行道德熏陶，最终使大学生培养起自强自立、心怀感恩、勇于承担的责任意识和奋发图强、积极向上、要求进步的进取观念。

资助育人首先要体现在奖助学金等的物质资助发放上，一要强化档案意识。利用实地家访、大数据参考等方式建立动态数据库，完善申请认证标准，及时更新受助学生信息。二要加强诚信教育。通过政策宣传、榜样带头的方式，加强对学生的诚信教育、感恩教育，从思想源头杜绝申报材料弄虚作假的现象，确保基础性工作做实做稳，推动国家资助资金公平精准落地。三要增设勤工俭学岗位。以"铸梦""铸魂"为前提"助学"，提供按学生自力更生和艰苦奋斗的意识品质。其次，针对专业学习上存在困难的学生，成立1V1课外帮扶小组或者以学科带头人牵头的方式建立"周末小课堂"，帮助困难学生收获自信，增加学识。另外，针对学有余力的同学，吸纳社会资金成立"双创基金"，支持学生进行科学研究，拓宽其发展路径，推动高校资助由保障型向发展型转变。

六、完善高校思政育人体系保障机制

（一）改进高校思政育人体系的激励办法

1. 满足教师在物质与精神上的需求

建立健全正向激励制度，是促进高校思政育人机制构建的有效途径，在调动工作者的工作的积极性和创造性方面有着重要的作用。

对教师而言，高校教师不仅仅具备知识生产、传授和价值培养等职责，也是教育的实践者和教育教学政策、理念的直接执行者，因此，对高校的许多教学方针政策有着他人无法比拟的感受和体会，因此，在思政育人体系构建中，必须充分重视教师的意见及建议。人的行为是受动机支配的，而动机又是由所想达到的目标所引起，这种目标既可以是生理或物质上的，也可以是心理或精神上的，为了激发教师在课程改革中能够积极主动地提供相关建议，则需要建立配套的奖励制度，激励教师在机制构建中做出的贡献，从而真正激发教师主动参与到思政育人体系构建过程中。

合理运用激励首先要明确激励的精神性和物质性。对于高校教师而言，精神性的激励作用要远大于物质性的，但这两者缺一不可，因为激励机制中的精神层面对知识分子这个特殊群体具有非常重要的导向作用，而物质性的激励机制，是为了满足教师的生存和进一步发展需要。基于这种情况，构建激励机制就要营造一种良好的环境与氛围，让教师能够全身心投入到教学与课程改革工作之中，同时高校领导对教师应该充分信任，树立尊重教师、尊重人才和知识的意识，使教师在高校环境中能够深刻体会到自己的存在感和被尊重感，这是教师在精神层面上的需求；而激励机制中的物质层面所发挥的作用也是不可忽视的。现在我国高校教师的待遇虽然有所提高，但与社会中大部分行业待遇依然存在着一定的差距，为了扭转这种局面，必须对教师待遇标准做出改变和调整，把教师在思政育人体系构建中做出的贡献(提出的意见和建议、进行的相关理论研究和实践调研成果等)纳入到工资待遇指标中，完善教师薪酬福利体系，使教师在物质层面和精神层面都得到满足，使教师的作用转化成思政育人体系构建的内生动力。

2. 建立和完善公开透明的奖励制度

没有公开透明的奖励制度，就难以保证奖励最终落实到集体或个人。在构建高校思政育人体系中的激励机制中，其奖励制度必须公开透明，不可模棱两可，因此要求做到奖励对象评选制度和奖励落实过程公开透明。

（1）建立公开透明的奖励对象评选制度

在评选高校课程育人体系构建中具有突出表现的集体或者个人活动中，必须把评选规则、条件等向大众公布，同时在评选活动中禁止"托关系""走后门""内定"等不公平现象出现。在评选奖励对象过程中，要对奖励对象的候选人在思政育人体系构建工作的贡献进行具体考察，而不是停留在资料审查程度，并且把最终确定的奖励对象在思政育人体系构建中所做的贡献进行详细梳理，把奖励对象入选名单及其在思政育人体系构建工作中的工作详情同时公布，规定公示期，在公示期内若有不同意见着需要组织专门调查组进行详查，核实入选候选人参评提供的相关信息的真实性。通过公开透明化的奖励流程，促使人们对自己的行为后果有一个清晰正确的预期和判断，并从理性出发做出明确的行为选择，在很大程度上能够激发思政育人体系构建工作中的参与者的积极性和创造性，从而不断提升思政育人体系构建质量和育人效果。

（2）建立奖励落实过程公开制度

目前许多奖励制度存在严重的缺陷，即没有公开或者最终的奖励并没有按照标准完全发放到奖励对象。建立奖励落实过程公开制度就是为了确保奖励的最终落实，而是出现奖励在落到奖励对象手中的时候出现"缩水"情况。高校思政育人体系对大多数高校管理者、教师等主体而言是一个相对陌生的教学发展机制，为了鼓励这些主体主动参与到机制构建过程中，不仅要进行贡献奖励，还要保障奖励能够按照标准落实发放到集体或个人。因此，在思政育人体系构建工作中必须建立奖励落实过程公开制度，一方面需要明确关于思政育人体系构建工作奖励是落实到个人还是集体，避免不必要的争议；另一方面，要对思政育人体系构建工作的奖励对象进行后期追踪访问，再次确认相关奖励是否准确落实，对比奖励标准与实际奖励数量是否存在差距，经过再次确认无误之后，再次发布思政育人体系构建工作奖励落实公告。以这种方式保障思政育人体系构建中做出贡献的集体或者个人的合法利益，表达出相关部门对高校思政育人体系构建的重视程度，从而刺激广大高校管理者以及教师群体产生强烈的参与和构建欲望，有利于进一步推动思政育人体系构建工作的发展。

（二）加强对高校思政教育教学质量的检查监督

思政育人工作在实践中的落实与执行不能仅仅依靠育人主体的自觉性，更为重要的是要对工作的实施过程进行实时审视与监督。通过适当的监督，不仅能够加强对高校思想政治教育工作实际进展的掌握程度，同时也有助于推进思政育人教学工作实践质量与整体水平的全面提升。

在高校思政育人体系的构建中，加强对高校思政教育教学质量的监督，一方面，要强化高校思政育人工作的监管责任体系。主要是要明确从中央到地方、从高校到院系，再到组织部门的每一个环节中，各个主体部门所承担的责任，只有将责任进行清晰地明确划分，才能够明确监管工作的主要任务，才能确保在未履行责任的情况发生之后能够及时向动作主体予以检举和提醒。另一方面，要整合校内、校外两方的监督资源，推进监督机制常态化。其中校内监督指的是在高校要创建完善的自我监督体系，设置专门的思政育人监督部门，制订完备的思政育人工作质量检查与监督工作制度，学年初向各个部门下发学校所制订的年度思政育人工作制度，在学年后则要对完成情况进行检查与纠正，并且在学年中组织不定期的抽查，以引起学校全体教职工对思政育人工作的充分重视。校外监督主要是由高校所在地的纪委来进行教学外部的监督，增加学校履行思政育人职责的主动与积极性。

（三）建立对高校思政育人效果的科学评价体系

科学的评价机制能够通过对执行过程和执行结果的评估、总结，给予系统以正向反馈，从而得出改进策略、方法以促进系统升级完善，推动系统的健康可持续运行。

在高校思政育人体系的创建工作中，建立科学的评价体系，是客观看待思想政治教育工作目标的实现程度，具体评判育人体系的实施效果的必要条件。通过评价结果的展现、反馈，从中了解体系自身现存的不足并加以改进，是实现构建长效育人体系的必由之路。具体从受体对象的角度划分，高校思政育人体系的评价体系可分为对学生学习效果的评价和对教师教学效果的评价。

其一，针对学生学习效果的评价。思想政治教育具有阶级性、政治性，其最为根本的问题和关键是如何把思想政治教育工作的内容由外在规定转变为学生的内在需求。打破以往以定量考试成绩为定性标准的错误导向，第一，要创新评价方法。将静态考试成绩与学生成长的阶段性动态变化相结合，将重点放在非认知领域，以课程成绩为核心，利用调查研讨、专题作业、时间观察等多种方式为辅助，对学生进行全面评价。第二，要拓展评价内容。将生硬的理论知识与开放性的实践应用相结合，以启发联想代替死记硬背、生搬硬套，实现学生学习由认知向认同、由他律向自律的转化。

其二，针对教师教学效果的评价。第一，在院系评价工作中，务必要制定量化的具体指标，尽可能地消除评价时的主观色彩，提高客观性，将教师在课程、科研、实践、文化、网络、心理、管理、服务、资助、组织等方面工作完成与落实情况纳入评价指标之中，对思政育人体系的落实情况进行检验。第二，动员学生的主体性力量，高校要将每一个班级作为一个单位，以学生为评价主体，以教师工作为对象来进行评价。同时,为了确保学生对教师评价结果的公正、公平性,学校可以采用匿名投票、网络投票相结合的方式来组织评价活动,并且将两种评价的结果进行横向对比,更加客观的获取最终的评价结果。

第四章 多维度视域下的思想政治教育

本章内容为多维度视域下的思想政治教育,分别从"课程思政"理念下的思想政治教育、文化视角下的思想政治教育和新型教学方法下的思想政治教育三个角度进行探析。

第一节 "课程思政"理念下的思想政治教育

一、课程思政的概述

(一)课程思政的内涵

基于思想政治理论课的改革与创新为背景,"课程思政"是通过挖掘和整合所有课程中的思想政治教育内容,以除了思想政治理论课之外的其他课程作为载体,对高校大学生进行思想政治教育的一种教育方式。其目的在于充分利用其他学科的育人功能,使思想政治教育工作达到润物细无声的效果,从而实现"立德树人"根本任务。

第一,从理论的角度看,"课程思政"是传统思想政治教育理念上的创新。"课程思政"是指将高校各个学科与思想政治理论课"同向同行",充分发挥高校所有学科的思想政治教育功能,进而达到全课程育人的一种创新教育理念。其核心在于把思想政治教育内容融入各个课程当中,让思想政治教育内容与专业知识有机结合起来,实现润物细无声的教育目标。

第二,从实践的角度看,"课程思政"既不是增设一门课程,增设一项活动;也不是将其他学课程进行专业知识弱化;更不是将其他课程"思政化"。它是通过对思想政治理论课在内的所有课程内容的挖掘,更加充分地发挥课程的育人功能;通过优化课程设置,课程安排,教材制订,教学方法等方面,统筹各个课程的思想政治教育元素,明确各个课程的承载能力,使所有课程都能成为科学化,理想化的思想政治教育载体。

第三,从发展的角度看,"课程思政"是思想政治教育的一种创新。"课程思政"打破了传统思想政治理论课作为思想政治教育的单一渠道；深化了对高校传统思想政治教育的认识；将思想政治教育工作延伸至所有学科，拓宽了渠道、丰富了载体，有利于将思想政治教育工作贯穿于所有学科、教材、管理体系当中，对于学科设置、课程编排、教材制订以及教学方式都是一种发展性创新。

（二）课程思政的特点

1. 系统性

课程思政具有系统性。它将高校各类课程看作一个整体进行系统性规划。它能够动员起校领导干部、各教学单位一线教师、各专业负责人、辅导员、教学督导成员等全体教职工共同参与到课程的建设中来，有利于推动高校思想政治教育工作体系化发展。其核心表现为各学科共同挖掘思政资源、共同发挥育人效果，使得各学科专业课与思想政治理论课育人方向、育人功能保持一致，实现课程资源的共享。

2. 潜隐性

课程思政具有潜隐性。课程思政是一种教育理念，它区别于传统思政课直接传授知识的直线模式，将思政元素寓于专业课课程教学中，用润物细无声的方式将相关内容渗透给学生。根据学科类别的不同，各专业能够挖掘的思政元素也各有不同，将价值观念教育融入学生本专业的课程，更能契合学生的专业需要，也更易被学生所接受，潜移默化地达成育人效果。

3. 整合性

课程思政具有整合性。思想政治理论课是"点"，专业课程以及综合素质课程构成了"线"，传统的育人模式是在二维的平面上对学生进行思想引领，学生不足以得到全面发展。课程思政以立德树人作为根本任务，抓住了育人的本质，强调的是知识、内容、主体的整合性。增强思政教育的感染力，形成专业知识的立体化，努力实现知识与价值的融合。

（三）课程思政的内容

首先，从《高等学校课程思政建设指导纲要》规定的核心内容来看。

从国家政策角度出发"课程思政"的基础在于"课程"，重点在于"思政"。《高等学校课程思政建设指导纲要》明确了高校"课程思政"建设的目标要求和内容重点，要求科学设计课程思政教学体系，并提出分类推进课程思政建设的具体方法和思路。

第一，培养政治认同感。推进习近平新时代中国特色社会主义思想进教材进课堂进头脑。坚定不移用习近平新时代中国特色社会主义思想铸魂育人，引导学生了解世界、国家、党和人民的现状，增强对党的创新理论的政治、思想和情感上的认同，坚定中国特色社会主义道路自信、理论自信、制度自信、文化自信。

第二，培养家国情怀。培育和践行社会主义核心价值观。教育和引导学生融入国家，社会和公民的价值要求，提高个人爱国主义，奉献精神，诚信和友好的修养，有意识地将个人融入更大的自我，并不断追求国家的富强、民主、文明、和谐和社会的自由、平等、公正、法治，将社会主义核心价值观内化为精神追求、并将其核心化为有意识的行动。

第三，提高文化素养。以爱国主义为核心大力弘扬民族精神，以改革创新为核心大力弘扬时代精神，教育和引导学生深刻理解中华优秀传统文化中讲仁爱、重民本、守诚信、崇正义、尚和合、求大同的思想精华和时代价值，教育和引导学生传承中华文化，富有中国心、饱含中国情、充满中国味。

第四，提高法治意识。深入开展宪法法治教育。教育和引导学生学习、思考和践行习近平全面依法治国新理念新思想新战略，牢固树立法治观念，坚定不移走中国特色社会主义法治道路。强化理想和信念，深化对法治理念、法治原则、重要法律概念的认知，提升运用法治思维和法治方式维护自身权利、参与社会公共事务、化解矛盾纠纷的意识和能力。

第五，提升道德水平。深化职业理想和职业道德教育。教育和引导学生深入理解并自觉实践各行业的职业精神和职业规范，增强学生的职业责任感，培养遵纪守法、爱岗敬业、无私奉献、诚实守信、秉公办事、开拓创新的职业品格和行为习惯。

其次，从学科化分类指导内容来看。

高校的课程可以概括为自然科学类课程和社会科学类课程，从这些课程的历史渊源和发展内涵来看，它们都包含了极为丰富的思想政治教育内容。为了推进"课程思政"建设，高校必须要充分利用各类课程中的思想政治教育内容。从学科化角度出发，"课程思政"建设可以分为两类：

第一，自然科学类的"课程思政"。

自然科学是在哲学思想指导下产生的，两者在本质上密切相关。哲学拥有明确的价值观导向，并为自然科学注入了丰富的思想政治教育内容。自然科学的许多概念和原理都包含唯物辩证法。科学是在辩证法思想指导下形成的，包含了许多辩证思想的科学。自然科学的许多概念和原理都是通过自然界或生活中的许多现象抽象总结出来的，或者是通过实验方法测量出来的。探索自然科学的许多方法，是培养学生坚韧不拔、顽强拼搏精神的重要途径。这种理解规律实际上是学好科学的基本方法，遵循这个规律将会逐渐形成注重实践、实事求是的科学态度。

第二，社会科学类的"课程思政"。

社会科学课程中的大多数学科具有明显的意识形态属性。因此，社会科学或自然科学的教师在培养和教育学生的过程中必定具有一定的政治责任感。

高校社会科学课程蕴含着特别丰富的价值导向。社会科学学科含许多道德思想和道德规范。依靠理论的力量，社会科学可以帮助人们开阔视野、探索世界，提高鉴别是与非、善与恶、美与丑的能力，激发大学生追求崇高的道德修养和思想觉悟，以微妙的、润物细无声的方式全面提高大学生的思想道德素养；它能够帮助大学生树立崇高的理想培养出坚韧的毅力，持续陶冶大学生的情操，有效提升大学生思想道德水平。

高校社会科学课程是素质教育的主要内容。主要体现在以下几个方面：首先，社会科学致力于从多个角度全面地培养学生的综合素养和实践能力。第二，社会科学相关的学科是时代精神的精髓。它们融合了古代和现代的优秀传统文化。经过对优秀文化的诠释，解剖，选择，转化和重建，形成了具有时代特征的知识体系和思想体系。世代相传的积累和传承形成了新的优秀文化传统，然后被弘扬为民族精神。最后，社会科学课程的教学，有利于培育理性、平和、健康的心态。

无论是自然科学类课程和社会科学类课程，其最终目的都是培养出一代又一代的社会主义建设者和接班人。这说明了高校所有课程均具有思想政治教育功能。面对不同的学科，要从不同角度，有针对性地去挖掘思政元素，使思政元素能自然地融进专业知识体系当中。同时，其他各类课程中所蕴含的思政元素正是各类课程与思想政治理论课"同向同行"的基础，只有深入地挖掘、合理地运用各个学科课程当中的思想政治教育元素，才能使其他所有课程与思想政治理论课时刻保持"同向同行"。

最后，从课程思政的结构来看。课程思政基本以是由思政教育课、专业教育课、综合素养课通识课、第二课堂等多个不同的部分构成的。

第一，思政课程。思政课程是围绕大学生进行思政教育的一种课程，它是大学课程思政建设工作的主要力量，是推进课程思政建设的根本方向。思政课程教授学生的内容也主要是以马克思主义原理作为根本基础的理论，此类内容直接决定了思政课程是大学思政教育工作的重要内容，为大学思政教育工作的开展准备了条件。

第二，专业教育课。课程思政建设的关键内容与关键工具是专业教育课，它是借助专业课程教育中的专业技术知识进行思政育人一项相关的工作。以专业教育课为基础进行思政建设在解决好大学思政课程与其他专业间"两张皮"的问题方面，扮演着非常重要的角色。

第三，综合素养课。综合素养课指代除了思政课程与专业教育课以外的那些公共基础课程与通识教育课程等，它是大学课程思政课程建设中较为重要的内容。在综合素养课堂教学实施的过程中，可联系现在新闻内容来研究，重视传播和突出知识的含义与价值，不但可优化高校学生的学习知识水平，还让学生掌握了待人接物的基本能力，最后培养大学生健康的品格，最大化地提高学生综合素养的育人效果。综合素养课和思政课程与专业教育课有明显的差异，其内容显然有一定的变化。讲课教师必须以内容切入，在逐步提高学生兴趣的同时，借助润物细无声的方式将科学知识、正确的价值观等都内化到学生的心中。

第四，第二课堂。第二课堂是指除了大学课堂之外的教学实践。和课堂教学相比，大学第二课堂虽然没有制订具体的教学大纲，但却提出了在给定时间段内完成相关教学工作的要求，它的表现更为灵活机动，可按照教育教学的实际需求来做出调整，其内涵显然比专业教育课、单一思政课程、综合素养课等都更广。所以，大学第二课堂是大学课程思政建设的较为重要的环节。借这种教学，能够把思政教育相关规定、立德树人导向渗透到第二课堂，不但是对第一课堂的内容进行的补充，也是将课堂知识付诸实践的一个有用渠道。此外，第二课堂建设形式多样，平台也会更多，可综合利用各类领先的信息技术与一些在社会上有影响力的平台资源，让大学生思政道德品行等信息切实内化于心、外化于行。

二、课程思政实施现状分析

（一）当前课程思政已经取得的成效

1. 课程思政育人意识较为提升

目前，课程思政的教育理念正在全国范围内开展新探索，成为高校思想政治教育改革以及高校新时代育人的重要举措。教师作为全面推进课程思政建设的关键，具备育人意识，是贯彻落实课程思政的前提。为落实《高等学校课程思政建设指导纲要》，各地高校都在教育部门的支持下积极举办课程思政研讨会与经验交流会。无论是各学院与各教学单位的负责人，还是各专业的一线教师以及教学管理人员，都系统学习了课程思政建设的重大意义与建设思路，并积极参与各类研修班，切实增强了课程思政育人意识以及提升人才培养质量的意识。

对课程思政育人意识的理解不仅是"教书育人"内涵的回归与传承，还是坚持社会主义办学方向、体现中国思维、中国自信的新时代教育工程。当前，高校关注课程思政的建设主体，努力打造高素质的教育者队伍、形成高水平的课程团队，以推动新时代高校课程思政高质量发展。

2. 课程思政育人实践已经开展

为了各类课程的协同发展，各高校纷纷开展课程思政实践。在课堂教学主渠道的实践中，很多高校升级专业课内容，结合社会主义核心价值观、中国精神、文化传承、专业伦理等思政元素，潜移默化地将德育融入课程内容，结合显性教育与隐性教育。传统的思政课程以知识的获取作为教育成果，忽视了学生接受与理解的过程，容易导致学生理性思维与感性思维发展的不平衡。而课程思政育人除了知识，还以道德的培养、素质的提高作为学习成长的目标，鼓励学生勇敢表达，充分激发学生的踊跃性与创造性，育人效果显著提高。课程思政的实践凭借教学方式的改革，有的高校在常规的教学任务中安排了讨论课课时与实践课时，在一个规定课题下让学生自己查找资料、随堂讨论、教师讲评，使师生站在平等的位置展开对话。还有的高校进行"翻转课堂"的尝试，学生成为课堂的主人，围绕社会热点问题表达自己的看法进行头脑风暴，使教师充分了解学生当前的思想动态。师生之间打破"教与学"的单向关系，教师在不断充实丰富自己，学生也逐渐化被动为主动，二者共同学习与进步，形成了良好的双向关系，推动了课程思政实践，提供了课程思政内生动力。

3. 课程思政育人环境初步形成

提高人才培养的质量与营造良好的育人环境密不可分。课程思政理念下，高校的思想政治工作除了丰富了课程的功能作用，还营造了全方位的育人环境。时代赋予了教育者宣传主旋律思想、弘扬正能量的光荣使命，高校的党组织以身作则，在网络中主动发声、积极表达，利用网络平台的影响，增强课程思政现实性。比如各个省份的共青团官方微信公众号，每天都会发布最新的团情资讯与本省重要新闻，每周还会推出一期紧跟时事热点的"青学习"，寓教于乐地在几分钟的短视频中穿插知识问答。新时代高校学生受网络环境影响，更容易接受这种形式的宣传教育，能够使"高深"的政治理论更"接地气"，拉近与学生的距离，营造积极向上的教育氛围，培养学生的兴趣。再比如各高校积极开展线上与线下的"思政大讲堂"，每期由一名思政领域的学者面对全体大学生展开思想政治教育，使各专业学生都有机会感受到最纯正的思政魅力，营造了一个共建与共享的育人平台。新冠疫情防控期间，教育部与人民网主办了"全国大学生同上一堂疫情防控思政大课"活动，各地高校学生共同收看学习了疫情防控的思政课堂，增强了社会责任感与使命感，受益匪浅。这些举措都有效扩大了课堂教学的边界，有利于在大环境下深化课程思政发展，进一步激发教育活力。

（二）当前课程思政实施存在的问题

1. 课程思政落实形式大于内容

当前部分高校在上思想政治理论课的时候仍然存在比较"重智育而轻德育"，在教学规划上也比较"重学术而轻教学"的问题。这种思想政治理论课的重视方向不仅会影响到思想政治理论课的教学效果，还会打击思政老师上课的积极性，更会为高校"课程思政"的构建产生阻滞。

部分高校在组织教学方面并没有重视思想政治教育活动的开展，也没有经常将课堂教学内容与思想政治教育活动相结合起来进行教学。这是因为不管是学校管理者还是任课老师，对"课程思政"教育方式、教育理念还存在较重的滞后性，如果高校其他各类课程继续忽视融入思想政治教育环节和思想政治教育理念，那课堂教学便只能停留在知识讲授的层面上，阻碍高校"课程思政"中"立德树人"这一根本教育任务的实现。

2. 思政元素的提取融合欠准确

目前，除去办学理念的不同以及各校的特色不同，我国高校的课程设置大体都是由专业课课程、思政课课程以及综合素质类课程三部分组合而成的。非思政课课程在高校学生所学的课程数量中占大多数，也占据学生接受思想政治教育的大部分时间。但由于大部分专业课教师对思想政治教育的教学内容与方法较为陌生，对思想政治理论的讲解浅尝辄止，存在着育人资源挖掘不到位、思政元素与专业课融合不够准确的问题。各类课程与思政课之间还未形成平衡，无法对学生进行完整的德育教育。

同时，"课程思政"中教学资源的利用存在着隐蔽性、随机性，以及渗透性这三种特性。因此，在高校推进"课程思政"建设过程中，教师如果没有经过正规的培训、专业的训练，其实很难从自己的课堂中挖掘出足够的教学资源。当前"课程思政"教学资源挖掘不够这一因素主要体现在以下几个方面：

第一，专业课程中的思政教育内容挖掘不够。部分专业课程教师没有做到将思政教育的理论、政策、精神、品质等融入专业课教学中去，使得专业课程在实施上缺乏必要的育人性。

第二，思想政治课中的教学资源挖掘不够。许多思政理论课教师在授课的过程中，还存在"照本宣科"的情况，并没有投入过多的精力到研究和解读思想政治教材上，也没有将课堂教学内容与各类时事政事、社会热点问题等相结合，这种教学资源比较缺乏的情况，很难吸引大学生们上思政课的积极性。

第三，通识课中的教育内容挖掘不够。当前在高校通识课中，教师们对思政教育资源的利用率并不高，这主要是因为通识课难以融入思政教育内容。同时许多教师受传统授课形式的影响，会对通识课中所存在的思政教育资源视而不见，这就直接导致了通识课中思政教育资源呈现得不够。

此外，当代大学生的显著特征之一就是主体意识加强，他们也渴望发挥自己的主观能动性，以实现自我的需求与发展。学生的价值判断与选择不再是简单的"认同"与"不认同"，在面对客观事件时，有自己的主观判断。思政理论课因为其内容具有局限性，不足以了解每一位学生的思想动态及价值取向，学生们往往在非思政课上才表现出自己的兴趣所在。而非思政课课程在培养方案与教学目标的设计上对于德育难以判定标准，针对不同专业、不同年龄的学生没有整体的教育规划，也没有形成统一的育人体系，各类课程目标不一、各自为营，使思政课与非思政课的融合往往浮于表面，存在"两张皮"的现象。

3. 课堂教学的方式传统欠灵活

当前课堂教学的主要内容对于书本的依赖还是比较高，虽然这对于学生准确把握、准确体会理论知识有着不可替代的作用，但在教学过程中理论部分远多于实践部分，与日常生活的联系有限，内容有些笼统，缺乏实践性与具体性。学生的课堂参与度不高，长此以往会使学生丧失学习乐趣，也难以投入学习。现阶段的课程大多局限于教师的讲授，课程思政理念下，非思政专业在教学中，没有一本实用的教材，能够结合专业知识与思政元素。教材是课堂上的重要工具，没有合适的教材会直接影响教师的授课质量，同样不利于课程思政的开展。一部分专业课教师在授课中仍采用传统的专业课教学方法，难以找准时政要点，与思想政治教育的结合容易重复概念性内容，走向"说教"。将价值观念等主题与理论知识生硬地放在一起，无法激发起学生的学习热情与思想共鸣，思政元素与专业知识依然是泾渭分明。

课程思政过程中教学方法的运用是整个高校思想政治教育改革的重要环节。如何在各类教学课堂中推行实施课程思政，这需要所有课程教师在不违背教学规律的前提下，对传统教学方法做出相应的调整与改变，进而让课程思政的基本理念与内容成功融入课堂教学的过程。但就目前来看，许多高校在推行课程思政时教学方法还不够科学，具体表现在：

第一，没有从大学生成长环境与思维特点出发制定教学方法。"课程思政"的建设与实施如果脱离开了大学生成长环境和思维特点，那整个"课程思政"就会失去最基本的"群众基础"，大学生们无法从"课程思政"中获得"共情"感受，就更不能够从"课程思政"中培养良好个性、塑造良好人生价值。

第二，没有将理论教学与课外实践活动相串联起来进行教学。实践是检验真理的唯一标准，"课程思政"的构建和实施可以将马克思先进的教育理念、教学方法传导给大学生，但大学生们最终需要从课后实践的角度来检验自己所学知识是不是"真理"，因此缺乏理论与实践的相互作用，"课程思政"的建设效果必将大打折扣。

第三，没有从线上教学与线下教学的资源进行共享后来教学。在信息技术更新换代如此迅速的今天，线下"课程思政"的推进与建设已经逐渐无法满足高校思想政治教育的需求，还需要课程教师以新媒体平台为教学渠道，时刻通过线上方式与大学生们展开沟通，这种互动沟通的过程一方面满足了大学生的社交需求；另一方面还可以让课程教师做到随时随地追踪和了解学生们的最新情况和思想动态。

当前高校课程思政的发展急需转变课堂教学的方法，探索专业课更灵活多变的授课方式，努力提高学生的课堂参与感，使课程思政的有效性得到保障。

（三）课程思政实施存在问题的原因分析

1. 缺乏课程思政育人观念的广泛认同

课程思政育人观念在课程思政育人机制构建中发挥着重要的作用，只有观念上的认同，才能推动事物不断向前发展。但高校课程思政育人机制构建中，在课程思政育人观念上存在许多问题，缺乏对课程思政育人观念的认同也是导致课程思政育人机制构建出现问题的原因之一。观念上的不认同具体表现在重视程度不够、走过场、"贴标签"、排斥等方面。

首先，从学校维度分析，由于缺乏对课程思政育人机制构建的重视，发展模式逐渐"利益化"。有的高校对课程思政育人机制的构建只是为了迎合这一教育教学改革的潮流，而不是从构建思政育人体系出发。与此同时，有的高校对课程思政育人机制构建工作缺乏积极性和主动性，导致课程思政育人机制最终的构建成效只能是空有课程思政育人机制的形式和说法，却没能使所有课程中的育人功能得到有效发挥，因而思政课程与课程思政之间应有的协同效应也就成了无稽之谈。

其次，从专业课教师的维度分析缺乏对课程思政育人观念的认同。专业课教师并不把在专业课中融入思政元素作为一个教育教学理念的改革看待，认为这仅仅是思政课改革的事，而专业课是被"波及"到的，而且成为了不得不去做的事，因此，专业课教师自然而然地将这种"非做不可"的课程思政"任务化"，这种心态下的教学理念，就从"以学生为中心"变成了以指标为中心的"去学生中心化"，在这样的教学理念中，逐渐滋生出对课程思政育人观念的反感、排斥心理，即使学校安排了关于课程思政育人理念以及教学技能等方面的培训，教师也只是"走过场"，并没有把这样的培训当作是一种自身教学能力的提升过程。

最后，从学生维度分析缺乏对课程思政育人观念的认同。学生作为教学活动的客体，是教学效果的直接体现者，同时也是教学活动的对象。现在许多高校的学生压根不知道课程思政育人机制是什么，教师突然间在专业课教学过程中说要进行课程思政教学，容易使学生在迷茫中对课程思政育人机制产生抵触心理。而这种抵触心理的产生会消解学生参与课程思政育人机制构建的积极性和主动性，这也是为什么学生的主体性地位在课程思政教学实践中缺失的重要原因。

2. 课程思政教学感染力不强

新时代大学生的成长环境更为优渥、思维特征更为活跃，这使得高校在课程内容的设置与大学生的接受度之间出现了一些偏差。思想政治理论课中，哲学层面的世界观与方法论不易直观理解，对于大学生来说有些抽象，缺乏一定的感染力，进一步提高了高校教育工作的难度。大学生能够轻易接触到海量的信息，对很多问题的认识与理解还停留在表面阶段，容易凭自己的感性思维做出不合理的判断。在教育教学过程中，如果不能理论联系实际，对于社会问题和现实问题的矛盾给出合理且令人信服的讲解，那么这些理论就没有被学生真正所接受，理论就会与现实产生脱节。与此同时，信息的传播方式与传播技术发生了根本改变，教师与学生在传播上不再是传统的单向模式，而逐渐向双向模式及互动模式转变，高校课程急需在教学模式与方法上进行双重创新。课程思政近年来也进行了多媒体应用、增强课堂亲和力等多方面积极探索，但总体说来，还未形成一种包容性与普遍性并存的课程教学模式。

3. 课程思政育人目标尚不明确

开拓高校思政教育的教育资源，构建全课程"课程思政"的育人体系，需要各类课程在立德树人的理念下，找准定位、明确分工，以现代化、科学化的育人手段实现高校"课程思政"的培养目标。从其他各类课程中所存在的问题可以知道，高校"课程思政"目标体系还存在着不明确，不清晰。这些不足之处表现在：

第一，部分"课程思政"课堂没有做到将不同年级的课程进行融通教学，这就使得不同年级的相同课程会出现重复教学，或者无衔接教学等情况，使"课程思政"的建设和推进缺乏新意，容易让学生们不清楚讲的是什么，产生抗拒学习心理。

第二，部分"课程思政"课堂没有做到将各类课程进行良好衔接。这会直接导致专业课、通识课等非思想政治理论课程很难融入"课程思政"育人理念，影响大学生们自主学习的积极性。

第三，部分"课程思政"课堂没有力求打造全课程的育人体系。全课程育人体系的缺失，会直接导致"课程思政"的建设缺乏相应的教育目标，进而错失对大学生进行价值引导的机会，并最终减弱"课程思政"的育人效果。

4. 部分高校课程思政发展中存在"两张皮"现象

推进高校课程思政发展建设的着重点始终在于强化高校各类课程的育人功能，而高校各类课程的设立，无论是公共基础课程还是各类专业课程始终都同时具备"教书""育人"等多种功能。随着高校思想政治理论课的发展建设，很多学校大多把进行思想政治教育教学工作的任务交给了思政课，而忽略了其他专业课程的育人功能，从而导致了其他课程育人功能的弱化。高校课程思政建设的重点就在于思政元素和专业课教学的融合，然而作为课程思政主要依托的专业课教学却未能与思政课教学形成合力育人，二者各自为营，也就造成了高校课程思政发展过程中的"两张皮"现象。

首先，推动高校课程思政发展，其关键在于将不同学科知识进行整合，也就是要将专业课程内容与思想政治教育教学内容进行融合，实现知识传授和价值引领的有机结合。高校设置什么样的学科和专业、如何建设高校的学科专业体现和决定了高校培养人才的能力和教学水平的高低。然而目前高校课程思政学科体系建设工作尚处于起步阶段，相关体系建设并不完善，高校课程设置和资源配置也不够清晰。从而也就导致了专业课教学与思政课教学没能够形成合力，协同育人。

其次，推动课程思政发展建设，不在于某一专业课程与思政课的单独结合，而是要从宏观的角度出发，使思想政治教育覆盖到高校的全部课程，做到有课程的地方就要进行思想政治教育。2020年6月，教育部印发《高等学校课程思政建设指导纲要》[①]，其中明确指出：要牢固树立人才培养的中心地位，围绕构建高水平人才培养体系，不断完善课程思政工作体系、教学体系和内容体系。明确表明了课程思政相关体系建设的重要性。然而，目前许多高校课程思政相关课程体系的建设仍然不完善，并没有做到将思政元素充分融入专业课教学当中，课程思政的建设仍然浮于表面，没有做到深入贯彻。

最后，推进高校思想政治教育教学实践发展是进行课程思政建设的重要举措，高校要以教学实践为基础，充分挖掘各类课程蕴含的思想政治教育元素，以思想政治教育基础理论为依据，创新教学方法，促进各类课程协同育人，统筹推进高校课程思政发展建设，培养符合国家建设、社会发展的德智体美劳全面发展的高素质人才。然而，目前高校在发展思想政治教育方面仍然存在许多问题，一些高校教师进行课程思政教学并没有以思想政治教育基础理论为依据，而是为了应付

---

① 教育部办公厅. 教育部关于印发《高等学校课程思政建设指导纲要》的通知 [Z]. 教高（2020）3号.

教学任务，而简单地随便讲一讲，并没有进行深度的思考和分析该如何讲好课程思政。除此之外，更有一些教师墨守成规、循规蹈矩，坚持老一套，从来不创新，从而也就导致了学生不感兴趣、听不进去，使课程思政教学效果大打折扣。

三、新时期课程思政实施应遵循的原则

（一）知识性与价值性相互渗透

知识性教育与价值性教育是同一个过程，二者在教育活动中相互渗透、不可分割。

新时期高校课程思政以培育在专业上优秀、在能力上全面、在信念上坚定的人才为目标，无论各专业学科有着怎样的学科背景和教学内容，都不影响育人这一教育功能的实现，都应该在课程教学中同时体现出知识性与价值性。知识性是基础，而价值性是目标。局限于知识性的书本内容而忽视价值性引导是不全面的，局限于价值性说教而忽视知识性内容是不客观的。在专业课程中实现价值引领首先需要学生对所学专业有正确的认识，形成一定的学科体系与学科逻辑，产生对所学专业的兴趣，进而深入挖掘所学知识体系中的思想政治教育元素，才能使知识与价值自然地产生联系。

新时期课程思政要潜移默化地在课程中传递给学生正确的价值观，引导学生正确处理问题，使课程既有知识的广度又有价值的深度，有利于学生平稳度过校园到社会的关键时期。

（二）理论性与实践性相互统一

新时期，我国社会主要矛盾发生变化，学生更应该了解新时代的重要内涵和重要意义，了解我国中国特色社会主义发展的现实情况。高校必须重视这些理论性问题，将基本思想、历史地位、目的意义等问题准确地传递给学生，锻炼学生的理性思维能力。高校还应该重视提高非思政教师的思政理论与思政技能，帮助这一部分教师掌握思想政治教育的教学技巧。此外，还要高度重视实践教育。如果理论与实践没有相互配合，学生在处理实际情况时不会应用，理论的教育就只是"纸上谈兵"。新时期高校课程思政的建设要贴近社会生活、贴近人本身，用实际的案例具体解读新时代中国特色社会主义理论。既能够深化学生对我国历史使命的理解，也能够明确个人对社会与国家的意义。

（三）整体性与个体性相互融通

高校课程思政的建设是一个涉及全局的过程，关系到全部的课程、全校的教

师以及学生发展的全过程，要想达到最好的效果，就要处理好整体性与个体性之间的关系。为解决学科间各自为营的状态，高校要做到各门课程在育人方向上保持一致、育人目标上进行整合，以整体思维看待课程思政建设的各个方面，明确能够发挥积极作用的各种要素。运用好校园、家庭、社会实践等各方面力量，全方面地培育与检验学生各方面的能力。

此外，个体思想的形成不是轻而易举地，是经过个体吸收、内化接收到的信息，建立对事物的认知，再不断发展变化的过程，是对原有的思想观念不断修正以及验证所最终形成的。每个学生由于成长环境、教育背景、理解能力的不同，其思维形成的过程也不同，个体差异性明显，需要遵循个体发展的规律，从而促进学生更好地发展。新时代高校课程思政要在教学目标、教学管理等方面形成整体性的要求，在此基础上，根据学科特点，探索课程的个体性分类发展。立足于个体的优势分类推进课程建设，利用好思想政治教育的现有资源，实现教育整体与个体的融通。

四、课程思政实施层面路径探索

（一）打造"课程思政"目标体系

"课程思政"目标体系是将知识目标、情感目标、能力目标三者合一，进而以知识、能力、价值观为目标维度，由低向高推进，帮助学生透过知、情、意、行的整合，塑造正确的世界观、人生观、价值观；打造明确的"课程思政"目标体系，对于高校"课程思政"建设来说是前提、是方向。因此，各个高校应该打造科学的、明确的"课程思政"目标体系，根据目标体系来规划本校的"课程思政"建设方向，使高校能够在"课程思政"目标体系的引领下，实现"培养人""发展人"整体思路。"课程思政"目标体系主要从以下几个方面打造：

1. 稳固知识目标

知识目标分为两大类，即专业知识与"课程思政"知识。专业知识指的是专业课程所传授的专业科学知识；"课程思政"知识包含两个方面，即思想政治教育知识自身与基于专业立场对思想政治教育知识的理解，前者关是对于思想政治教育本身清晰程度，后者是在专业视角下科学知识与思政知识的结合程度。"课程思政"建设目标体系中的知识体系是要将专业知识和"课程思政"知识有机结合，保证学生在获取专业知识的同时能够受到思想政治教育的熏陶。值得注意的是，在这种教育模式下，各科教师更要稳固专业知识，切不能过分渗透思想政治教育内容而忽略了专业内容，致使专业内容变得不专业，失去了原有的完整的知识体系与架构。这要求高校教师要更加专注到专业知识内容当中，只有将专业内科学知识架构保持稳定，才能让思想政治教育内容更加顺畅地融入其中；只有在原有的知识架构、知识体系、知识内容基础上，挖掘并渗透思想政治教育内容，这样才能使"课程思政"长期保持正确的方向。

2. 明确情感目标

情感目标是指学生在受教育过程中，将专业知识灌满情感，通过教师讲授而感受到的情感认同，引发共情，从而使学生能够自觉感悟、学习高尚情怀，主要包括政治认同、文化认同、家国情怀、道德修养等方面，是将所学到的知识转化为能力这一过程的升华，也是"课程思政"的根源所在，更是解决培养什么人，为谁培养人问题的关键。如何明确情感目标，怎么明确情感目标是"课程思政"建设的根本原因。所以，在"课程思政"建设过程中，各学科要主动向思想政治理论课靠拢，明确各科课程对于学生的情感引导方向，要善于挖掘各科课程中的思想政治教育元素，明确这些元素会给学生带来哪些情感上的影响或改变，再将各学科的专业知识与思想政治教育元素相结合，通过专业知识的传授去延展思想政治教育内容；在传授思想政治教育内容的同时将各学科的专业价值体现出来。在这过程中要注意的是，在前期挖掘思想政治教育元素过程中，要明确这些思想政治教育元素与本专业有哪些联系，专业知识讲授过程中，思想政治教育内容要与之贴切，要对学生有明确的指导作用和现实意义，使学生深刻知晓学习专业知识是为了更好地服务国家、服务人民、服务自己；让专业知识充满文化素养，道德素养、家国情怀等情感色彩，进而去帮助大学生树立正确的人生观、价值观、世界观。

3. 强化能力目标

所谓能力目标，简单地说就是将上面所提到的知识目标与情感目标融会贯通，并应用到实际当中，进而去分析与解决具体问题的能力。也就是将思想政治教育知识与专业知识和专业方法相结合，准确并系统地认识问题、分析问题和解决问题的能力，这种能力包括对面对问题的态度、分析问题的角度、解决问题的方式方法，这种能力更为独特，也更具有长久性和连续发展性。其实，无论学的是什么知识，最后都会归到解决问题上。所以，在"课程思政"实施过程中要注重学生看待问题的态度、分析问题的角度、解决问题的方式方法，多以学生为主体，多让学生发表看法，多让学生参加活动和社会实践，这样也能够使他们在实践过程中发现问题，分析并解决问题，强化学生的专业与思政实践能力。再通过学生在整个活动与实践过程中的表现和后期的反馈去调整思想政治教育方向。通过反复这样的过程，强化学生们的实践能力，使学生在实践过程中不断地去应用和吸收思想政治教育内容，从而做到将思想政治教育内容与专业知识内化于心而外化与行，做到知行合一。

（二）整合课程思政教育资源

1. 挖掘课程资源突出思政功能

高校在落实教育理念之后，要在各门课程中深入挖掘思想政治教育的相关资源，以价值导向增进其他学科的整合与发展，在教学呈现中突出课程思政的育人功能。

第一，挖掘专业课中的思政教育内容。专业课课程需要从学科的定位与特征出发，选择能够与思想政治教育相契合的价值坐标，深入挖掘学科中蕴含的育人资源。同时要引领专业课课程的政治立场和价值取向，确立高校课程思政建设的重要支点，将课程与时代的发展、社会与国家的发展结合起来，做到有的放矢。这需要专业课教师在授课的课程中，重点筛查出思想政治教育元素含量较高的教学内容，然后根据专业课的教学大纲、教案、教学内容等，融入思想政治教育相关的理论、政策、精神、品质等。例如，社会科学类的学科要挖掘其政治思维与社会思维，培养学生哲学的思辨能力与意识；自然科学类的学科要挖掘其科学素养与缜密逻辑，传播科研者锲而不舍的钻研精神，培养学生用理论知识来解决现实问题；人文类的学科要挖掘其有教育意义的人物与故事，培养学生感性与理性并存；应用技术型的学科要在实践中挖掘专业技能的闪光点，激发学生的学习动力。具体到实践中，可以在外语专业课教学中穿插入英文版的爱国主义演讲，在中文专业课教学中设置中国特色社会主义文化自信的议论文章写作等；挖掘学科的育人资源可以找到知识教学与价值教学有效的结合点，有利于教育者更高效地利用课程资源，逐步做到全课程育人。

第二，挖掘思想政治课的教学资源。"课程思政"建设过程中思想政治课教学资源的搜集不仅蕴含在教材之中，还蕴含在了课程教学的过程中。这就需要高校中的各个学院、各专业课教师能够主动积极地投入到教材解读上去，将课程内容与思想政治元素相结合起来进行教学。同时，课程教师还要时刻关注各类时事政事、社会热点问题等，将这类教学资源融入课堂教学去，不仅可以让"课程思政"的构建做到紧贴时事、与时俱进，还能够吸引大学生们主动投入到课堂教学内容上来。

第三，挖掘通识课中的思政教育内容。在通识课中贯彻"课程思政"需要课程教师调整好自己的心态，建立起教学的信心，在授课的过程中，重点围绕历史、法律、传统文化、心理健康等方面来安排课堂内容，使通识课中的思政教育具有明确的育人目标，让学生们在了解国家发展史、政党建设史、优秀传统文化、权威法律法规的基础之上，更加热爱自己的祖国，知晓当代大学生所应该具备的社会担当。

第四，要坚持以思想政治理论课为主导向，辐射其他课程。一方面要保持思想政治理论课的主导作用，充分利用思想政治理论课的显性功能，加强对其他学科的辐射作用，积极引导各学科向思想政治理论课靠拢，以保持其他课程中思政元素的先进性、指导性；另一方面，打铁必须自身硬，高校思想政治理论课要不断创新，积极主动地延展自身与其他学科课程之间的内在联系，这样才能使思政课与所有学科课程保持互补，互进的关系，从而形成长效机制。

第五，做好教材保障工作。教材是高校推行课程思政理念重要的载体和工具，是教育教学活动开展的基础。教材的编写要符合我国现实国情，既要体现马克思主义中国化的最新理论成果，又要体现经济社会、制度、文化等各方面的最新成果。对于教材的选择要科学，需要仔细审查其方向性、学术性、准确性。高校要深入挖掘教材的思想性，对现有教材重新审阅、合理修正，坚决抵制腐朽思想与错误观点。在编写新教材时，要根据不同课程，将职业道德、行业精神等内容加入专业课教材，使各类课程与思想政治理论课形成联动育人，为严谨的知识加入价值的温度。

2. 发展第二课堂打通教育壁垒

思想政治教育第二课堂是一种在规定的课堂教学时间之外的、学习范围广大的新型思政学习活动，它不仅仅是第一课堂的延展，还是一个能够发挥多重作用的实践平台，具有开放性的特征。

思想政治教育第二课堂不限时间、方式多样，有着第一课堂没有的广度与深度，能够有效弥补第一课堂教学中受教育者主体地位缺失的遗憾。新时代高校课程思政的推进要树立全局的育人理念，逐步开辟、发展第二课堂，将理论课、综合素质课、实践第二课堂进行有机结合。近年来，许多高校逐步探索第二课堂的实践形式，使课程思政从静态走向动态，有效打通了教育壁垒。例如，华东理工大学创新发展"茶叙"的教育活动，师生围绕一个主题展开对话交流。活动主题涉及鉴赏、创业、养生、法律、留学深造等各领域内容，学生可以根据兴趣与需要有选择地参加。在轻松愉悦的氛围中，师生间展开开放式交流，使课程思政更接地气，更容易被学生接受。再如，河海大学为解决思政第二课堂教育资源匮乏的问题，以校园实体书店为基础打造了移动的思想政治教育阵地"思源书吧"，将大学生从受教者转变为施教者。该移动课堂创造性地将校园书店、思政第二课堂、社区活动、企业思政教育服务中心的功能进行融合，开发出一套完整、专业的思政移动课堂体系，助力大学生的教育与成长。又如，上海思博职业技术学院与上海南汇博物馆签订合约，文明共建，将思政课的场地直接设在博物馆。大学生走进博物馆来上思政课，丰富了课程的内容，有效弥补了思想政治教育实践缺乏专业性与创新性的问题。新时代高校课程思政要努力推进第二课堂多样化、个性化建设，在结合本校地域特点、办学优势、校园资源的基础上，规划第二课堂的组织结构与运行方式，形成第二课堂育人体系。高校可以将第二课堂的学习成果纳入学生培养方案考评中，丰富学生实践活动的价值内涵，实现润物细无声的教育效果。

（三）实施科学教学方法

在高校中构建"课程思政"需要坚持以思政教育和价值引导为教学目的，但是"课程思政"建设又不同于一般的思想政治教育课程，它需要教师们在遵循思想政治教育规律的前提条件下，制订出科学的教学方法，让"课程思政"建设得以符合一般知识教育的特点与规律。因此，高校推行"课程思政"，在实施层面应该从以下几个方面来制订"课程思政"教学方法：

第一，要从大学生成长环境与思维特点出发制订教学方法。每个人的成长环境不一样，造成了每个人的思维方式也是不一样的，在科技不断进步、信息越来越多元化的今天，大学生们的个体意识、思想特点、性格品质等都具有较强的个性化。因此，"课程思政"教学方法在实施上要关注大学生们的成长环境，思想动态，根据大学生群体的实际心理需求来灌输思想政治教育内容。尽可能使用一些令大学生们比较感兴趣的表达方式、交流方式来进行因材施教。

第二，要将理论教学与课外实践活动相串联起来进行教学。这就需要课程教师在实施"课程思政"教学方法的时候主要做到两点：首先在理论教学的过程中，要重点关注课堂话语权的转化，尽可能以时事热点为思想政治问题为课堂教学的中心，进而利用各类先进的教学方法如互动式教学法、翻转课堂、浸润式教学法等来形成有趣、开放式的教学氛围；其次在课外实践活动的过程中，课程教师可以通过调查研究、公益活动、主题讲座、演讲比赛等方式，将理论教学中所教授过的思想政治问题引申到课后去实践，使课内外教学活动可以做到交融相通、延展教学。在这种理论课与实践课高度串联的活动中，大学生们的理论创新能力、实践活动能力都可以得到显著提升，并且也能够有效引导大学生养成正确的思想政治价值判断和价值选择。

第三，要从线上教学与线下教学的资源进行共享后来教学。互联网时代，高校"课程思政"的建设完全可以借助互联网海量教育资源，以及无比方便快捷的沟通方式，将线下"课程思政"的教学资源和教学成果转换到线上去学习。例如：课程教师可以通过"微课"的教学手段，将"课程思政"教学内容剪辑成 10 分钟以内，让学生在课前或者课后进行预习和复习。同时，课程教师还应该关注各类新媒体平台在"课程思政"教学中所具备的便捷性，通过新媒体平台跟踪和了解学生们的最新情况和思想动态，积极与大学生们展开线上沟通交流工作，利用新媒体平台拉近教师与学生们的亲密度，使新媒体平台能够成为线下思想政治干预的新方式，让网络思想政治教育价值可以引导大学生们解决价值选择上所存在的困惑，使网络与媒体能够成为"课程思政"建设的有效辅助渠道。

（四）推进"课程思政""思政课程"协同发展

1. 建立课程协同模式，处理好二者关系

高校三类课程中思想政治理论课程是显性课程，对学生有显性教育的作用，综合素养课程和专业课程是隐性课程，对学生有隐性教育的作用。"课程思政"建设中要注重坚持思政课的主体地位不动摇，同时也不能忽视综合素养课和专业课对学生的隐性教育作用，将显性教育与隐性教育相结合，形成"同向同行，协同育人"的"课程思政"建设大合力。

处理思政课程与"课程思政"的关系实际上是处理好认识与实践的关系。"课程思政"与思政课程在思想认识上保持一致方向，在具体实践中保持同行，才能实现思政课程与"课程思政"同向同行，同育人的目标。

一方面，思政课程与"课程思政"在思想认识上要保持一致方向，即两者在政治认同、文化认同、育人方向上要保持同向。第一，坚持政治认同的一致方向。"课程思政"要紧随思政课程的政治方向，树立大局意识，与思政课程一同为培育大学生树立马克思主义信仰、正确的政治意识、对中华民族的自豪感而共同努力。思政课程培养大学生树立正确的政治大局、国家大局，"课程思政"要从旁协助，不能拆台。在政治大局、国家大局方面，两者必须保持一致方向，不能走向对立的一面。第二，坚持文化认同的一致方向。不管是思政课程，还是"课程思政"，其最终目的都是对大学生进行思想政治教育，归根结底是培养大学生树立正确的文化认同，树立正确的价值观，坚定文化自信。第三，坚持育人方向的一致性。建设"课程思政"，发展创新思政课程，最终归属在于为社会主义事业培养合格建设者和可靠接班人，实现立德树人、以文化人以文育人的最终目标。思政课程与"课程思政"要坚持育人方向的一致性，坚持在习近平新时代中国特色社会主义思想的指导下，为发展中国特色社会主义事业服务，增强当代大学生对中国特色社会主义的道路自信、理论自信、制度自信、文化自信。

另一方面，思政课程与"课程思政"在具体实践中要保持同行。即思政课程与"课程思政"在具体实践中要相互补充，相互促进，实现共同发展。第一，"课程思政"

与思政课程要相互补充，建构以思政课程为核心，"课程思政"为辅助的课程体系，为提高高校思想政治教育水平共同发力。思政课程要明白自身的定位，提升亲和力和针对性，在自身领域内深化改革，带动"课程思政"内容的建设，两者之间不能重复，不能完全一致，而是应该相互补充，各司其职，最终实现协同育人。第二，要相互促进，思政课程要促进"课程思政"的发展，思政课程在坚持自身理论基础上，注入时代气息，将习近平新时代中国特色社会主义思想加入课程内容中，形成思政课程独特魅力，树立大局意识，坚持正确的政治方向，引领"课程思政"的建设，推动"课程思政"的发展。同时，"课程思政"也要推动思政课程的发展，"课程思政"内容丰富，思政课程可以从中汲取营养，丰富自身内容，促进自身发展。

同时，高校推动"课程思政"的建设，也需要处理好思政课程、通识课程、专业课程的关系，三类课程要明确自身定位，各司其职。思政课程是高校对学生进行思想政治教育的主渠道，重在对学生进行社会主义核心价值观教育和马克思主义理论教育；通识课程重在潜移默化中根植理想信念教育；专业课程重在实现知识传授与价值引领同频共振，实现立德树人润物无声。三类课程明确自身定位，各司其职，共同为提高高校思想政治教育水平而服务。

2. 加强全员协同育人，各自提升能力

（1）思政课教师统一认知，引领课程方向

思政课教师长期从事思想政治教育工作，其专业知识的学习也是以思想政治教育相关理论为主，因此，在"课程思政"与"思政课程"协同育人的队伍建设中，其应当发挥本身的专业，在队伍中进行方向的引领，推动马克思主义学院和其他二级学院的交流与合作，促进高校教师思想政治素质的普遍提升。

一些高校的思政课教师与通识课、专业课教师"结对子"，这种充分发挥马克思主义学院的学科专业优势，助力其他教师"课程思政"的模式和做法是一种有益的探索。具体而言应当从政治素养、理论功底和实践教学来进行。

从政治素养而言，思想政治理论课教师自身应当将坚持正确的思想政治立场，把握好思想政治教育的方向作为进行工作的首要前提，坚持中国共产党的领导，通过不断参加思政教育活动提高自身的思想水平，努力做到能够在队伍中带领专业课教师和通识课教师进行中国特色社会主义理论学习，促使其他教师提高政治素养，尽快融入思想政治教育的育人队伍中来。

从理论知识掌握和运用的角度而言，思想政治理论课教师应当通过参加学术会议与学界专家交流，弥补自身理论的欠缺，增强自身的理论功底，同时在对马克思主义理论的学习中要真正做到理解并能够有效地利用，也应当结合国情和时代特点，关注马克思主义中国化的研究。在对理论有了足够掌握的基础上，与其他教师的交流学习的过程中运用马克思主义理论的相关方法和知识,使其他教师的教学行为受到马克思主义理论的影响,达到在理论知识上引领其他教师的目的。

从具体的实践教学的角度而言,思想政治理论课教师的教学活动反映了思政课教师的教学方法和自身对知识的运用能力,通过对教学方法的展示,为通识课教师和专业课教师提供了典型的示范和实践的方向,促使其他教师将自身专业知识结合所学的思想政治育人方法相结合。基于思想政治理论课教师本身具有的专业素养指导下的实践活动多具有专业性,能够引领所有教师参与到"课程思政"的落实中来,肯定思想政治课教师的方向引领作用。

(2)通识课教师增强理论,强化教育水平

在"课程思政"与"思政课程"协同育人的实践探究中,能够发现通识课教师需要提高面对不同文化冲击的应对能力,只有这样才能够在对学生进行价值观的培育时游刃有余,帮助学生树立正确的价值观。通识课教师在面对不同时期的学生群体都需要做到对教学目标和教学背景有清醒的认识,加强"课程思政"的意识,用通识教育的内容传达出思想政治教育的育人内涵,提高育人能力。同时,面对通识教育中存在的外来文化和意识形态的渗透,通识课教师应当提高警惕,在自我认识清楚的前提下,引导学生进行辨别,对于优秀的外来文化,如科学精神等,应当认可,并通过学习进行掌握。对于学生理解错误导致的意识形态的偏差应当做到及时纠正,并持续关注思想政治教育的育人效果。通识课教师要想对这些文化和价值观进行辨析,就需要不断增强自身的理论基础,在对各种理论掌握熟悉的基础上,强化教育的水平,通过与学生共同成长和学习,发挥通识课教师在"课程思政"与"思政课程"协同育人中的作用。

(3)专业课教师提升技巧,提高教学能力

在"课程思政"与"思政课程"协同育人的发展中,专业课教师主要是从"课程思政"的角度更多地发挥作用,与思想政治理论课教师相比,其对育人工作的开展具有更多的自主权,这就需要专业课教师提高教学能力,在教学过程中,能够提前预设涉及思政内容的量、教学方法以及学生对于教学中进行的思想政治教育的态度,及时获得反馈并进行教学的调整,在这个过程中将自己的思政意识和思政技巧提高,守好自己的渠,种好自己的田。

对于理工科的教师而言,其在教学过程表现出来的教学风格多和其长期学习形成的思维方式有很大的关系,理工科多为算法、公式和程序的学习,需要很强的逻辑思维能力,因此,理工科的教师也大多数思维更偏向理性。要想做到在"课程思政"与"思政课程"协同育人中发挥作用,理工科的教师首先应当在已形成的逻辑思维的条件下唤醒自己的思想政治教育意识。例如计算机专业的教师可以在程序的编排过程中感悟到务实严谨的精神的重要性，因此在教学的时候开发课程思政功能。专业课教师在转变思维方式和观念后，还应当树立课程思政的信心，相信自身能够通过提高技巧，将专业知识的内容与思政的元素联系起来。我们要摒弃思政政治教育只能由思想政治理论课教师进行的固有偏见，用充足的信心和因材施教的教学理念来指导实践，将"课程思政"与"思政课程"协同育人做好。

对于法学和经管类专业的教师而言，其需要做到与通识类教师同样的一点，即在国内外的思想交汇中擦亮眼睛，对于理论渊源多来自于西方国家的课程，不要着急批判和拒绝，先对其进行分析，对于优秀的西方理论充分利用，提高自身的教学能力和认知水平，充分发挥价值。同时也可以利用西方文化来进行文化对比，在对比的过程中发现推进"课程思政"发展的方法，从而创新"课程思政"与"思政课程"协同育人。

总之，"课程思政"与"思政课程"协同育人要从"全员"育人的角度探究路径，思政课教师应当统一认知，引领课程方向，立足于主流价值观，通识课教师面对中西文化的碰撞时应当增强理论学习，加深对理论理解的深度，强化教育水平，专业课教师应当在专业思维的基础上提升思政的技巧，提高教学能力。但同时，专业教师、通识教师和思政教师又不能只关注自身育人能力的提高，这时候的"各司其职"实则对"课程思政"与"思政课程"协同育人来说是"孤掌难鸣"，应当做到"同舟共济"，取长补短。

（五）拓展课程思政教育模式

1. 打造特色课程形成融合品牌

高校在新时代课程思政的建设中，要结合本校的实际情况，以提升学生的综合素质为前提，打造具有本校特色的示范课程，深度融合课程品牌的发展。

目前，很多高校创新发展课程思政的形式与方案，取得了不俗的成绩。例如，武汉职业技术学院定下"厚植工匠精神文化，通过技能文化浸润、人文教育涵养等方式，让工匠精神之花开遍校园"的基调，开展了道德讲堂、"大国工匠进校园"、课程思政教学比赛等一系列活动，建设起了一批示范课堂，覆盖教育教学的全过程。此后，结合职业教育特点，创立"匠心中国"思政品牌，形成了课程思政教学比赛、大型巡讲、故事大会三个平台三位一体的"武职方案"。"匠心"品牌的建设有效调动了全校各个部门的参与积极性，实现了打好理论基础、丰富课程活动、延续文化传承的课程体系建设，使"匠心精神"深入人心。再如，2020年8月，华东师范大学首个课程思政野外实践基地落户贵州，促进了高校、科学研究所、当地政府开展三方多形式、多领域的深度交流合作。其教学团队赴基地实地录制有关地貌、水文、野外实践等的微课，依托"大工程——天眼"和"大生态——喀斯特生态系统观测站"等实践基地作为课程思政的范本，制作视频供教学使用和在线分享。实地录制的示范课程具有临场感和现实感，有效串联起产学研的各个环节，是丰富课程教学模式、提升课程育人特色的有力举措。华东师大至今已建设 36 个课程思政示范专业，打造 185 门示范课程，形成了育人目标、毕业要求、课程体系相互支撑、同步发展的教育教学改革模式，实现了课程全包含、院系全覆盖。而为了课程思政与具体学科能够落地生根，华东师大出版了全国首本课程思政教学指南，"操作手册"式地对课程全过程给予指导，形成独特的育人品牌。某些学科的经验可能无法复制给其他学科，示范课程的优势就在于能够找到各类课程与思想政治教育之间准确的契合点，量身打造适配的课程形式，使课程设计更为科学。而育人品牌的形成能够寓价值观念于能力培养之中，打造适用于本校实际的特色课程，在实践中培养学生全方位的能力。

2. 搭建校企桥梁培育复合人才

校企合作是高校为顺应社会发展与市场需求，以大学生就业为导向，产教融合、校企联动，为社会培育高素质、高水平人才的有力举措。通过校企合作，大学生可以及时将课堂上学习的理论知识应用到实践中，有利于培养学生的职业道德与职业素养，帮助学生树立正确的择业观，为就业打好基础。新时代高校课程思政的推进要充分利用企业相关资源开展思想政治教育活动，拓展企业与高校之间的交流，努力搭建校企合作的桥梁。例如，河南机电职业学院在产教融合的背景下，历经十余年的探索形成"线场模式"，将课堂现场融入企业的一线工作现场，使师生身临其境体验生产工作。"线场模式"是为培养应用型人才，经过了体制、体系、课程的"三融"与学境、产境、研境、创境的"四境"持续推进的模式，真正打通校企合作的"最后一公里"。这种模式的优势在于既能够培养学生政治素养、专业素养、人文素养等基础能力，又能够利用企业提供的技术平台，培育学生的技能与技巧。在这种模式下，学生可以根据自己的职业规划，选择适合自己的实践场所，在技能教育的过程中，同步提高创新创业的能力。

新时期高校课程思政的建设要在专注校内教育的同时，将目光放在校外的实践。高校与企业的合作基于共建共赢的目标，校企共建人才培养大大增加了二者之间的黏合度，学生可以深入企业的研发与创新，而企业为学生提供实训基地，甚至定制对口的培训课程，保证了人才培养的专业性、动态性。学生所学的知识最终要内化于自身的行为准则，在学有所成之后回报社会，在工作岗位上发挥自己的能量。

第二节 文化视角下的思想政治教育

一、文化与文化育人

(一) 文化的含义

"文化"一词所对应的诞生时间较长。在早期,"文"与"化"所对应的含义存在相应差异,在应用过程中也是分开对其进行使用。其中,"文"表示的是纹理的意思。在《说文解字》中对其的描述为:"文,错画也,象交文"①。即"文"实际上指的便是交错的图画。在《周易》中对文的定义为:"物相杂,故曰文。"②翻译成白话文便是,不同物体随意进行混合,便是"文"。在《礼记·乐记》中,则对其进行了下述界定,即:"五色成文而不乱。"③其指的是不同颜色交错在一起,并非杂乱无章而是很有规律。

自此以后,对"文"进行了诸多方面的引申。例如,第一,可用于表示各种象征符号,如文书、礼乐等等。《尚书·序》曰:"古者伏羲氏之王天下也,始画八卦,遗书契,以代结绳之政,由是文籍生焉。"④所表示的意思便是伏羲从其进行八卦图绘制,编制文书与契约开始,就诞生了文书典籍。此时,"文"表示的便是"文书、典籍"。第二,可用于表示人为的修饰、加工等。《尚书》称:"经纬天地曰文。"⑤也就是说,对天地进行装饰,实际上就是文。第三,表示美、善。郑玄注:"文犹美也,善也。"即其认为文表示的便是美、善。第四,用于指代文事、文职。《尚书》曰:"王来自商,至于丰,乃偃武修文。"⑥尽管周王是从商朝过来的,到了封地后,仍然能做到停止使用武力,修明文治。

"化",是由"匕"衍生而来。从字形结构上来看,两人一正一反,表示变化。最早所表示的便是变化、造化。《庄子》称:"化而为鸟,其名为鹏。"⑦其意是说,巨鲸变成了一种大鸟,这个鸟的名字就叫作鲲鹏。《周易》说:"男女构精,

---

① 陈亦儒编. 说文解字[M]. 北京: 研究出版社, 2018.01.
② 李兴, 李尚儒编译; 周易[M]. 西安: 三秦出版社, 2018.07.
③ 戴圣编, 贾太宏译. 礼记[M]. 北京: 西苑出版社, 2016.
④ 王文艳著. 孔颖达《五经正义序》疏证[M]. 郑州: 郑州大学出版社, 2020.05.
⑤ (汉) 孔安国, (唐) 孔颖达撰; (唐) 陆德明注释. 尚书注疏[M]. 北京: 北京图书馆出版社, 2004.11.
⑥ 陈戍国导读; 陈戍国校注. 尚书[M]. 长沙: 岳麓书社, 2019.05.
⑦ (战国) 庄子著; 夏国强注译. 庄子[M]. 武汉: 长江文艺出版社, 2020.06.

万物化生。"① 从其含义上来看，实际上是指在天地万物中，随着雌雄交配过程的进行，便产生了新的事物。此时，"化"指的便是变化。

在《周易》中，首次对"文""化"进行合并使用，如"观乎天文，以察时变；关乎人文，以化成天下。"② 对其进行翻译以后可知，其表示的是通过对天象变化情况进行观察，便可获知季节方面的变化情况；通过对人间条理进行观察分析，可将其用于对世人进行教化方面，进而更好地成就天下和平发展的大业。西汉刘向指出："凡武之兴，无不服也，文化不改，然后加诛。"③ 其含义表示的是，倘若仅仅只是借助于武力的方式来征服民众，只能获得表面上的服从。与之相反，如果能够借助于道德的方式来对民众进行教化，就能获得民众的认同感，提升民众服从性。对于那些在教化以后依然没有服从性的人员，可付诸以相应刑罚，便可实现对治理效果的强化。此时，"文化"一词表示的是人文教化。由此可知，在古代对于文化一词的使用，主要集中在精神层面，可将其视为"文治"与"教化"的集成，拥有文治教化等方面的含义。对于该词汇所赋予的现代意义，是在日本人以此词对翻译西洋术语的过程中产生的。在"明治维新"时期，西方学术在日本进行了大量渗透，日本在对这些资料翻译的过程中，是借助于汉语字典的方式来进行的，进而对"文化"这一词汇赋予了新的含义，其英文单词为"culture"。主要是以物质生产为主，略涉精神生产，其意是通过人为努力摆脱自然状态。1871年，泰勒对"文化"的含义进行了界定："文化，涵盖了知识、信仰、艺术、道德、法律、习俗、习惯等诸多方面的内容。"④ 近代中国西学东渐时期，中国学者便借用了这一译法输入到中国。可见，在社会发展进程中，文化所对应的含义发生了较大改变。建立在古汉语字典的基础上，赋予了其新的含义。此时，其表示的是人类在发展的过程中，所获得的一系列文明成果给人的教化与影响。

《现代汉语词典》中，对"文化"的解释为："文化，可将其视为在人类历史发展中，逐步积累而形成的物质与精神方面的财富，尤其是精神财富，涵盖了艺术、文学等各个方面。"⑤ 目前，学术界对于"文化"所给出的定义，可将其从狭义与广义两个层面进行区分。其中，在广义层面上，涵盖了物质与精神两个方面。正是因为有了文化，才使得人与动物有了本质性区别，这也是人类所独有的财富。其不但涵盖了物质生产活动，同时也囊括了最终所制造出来的产品，所涉及到领域极为广泛，如认知、语言、艺术领域等等。此外，也涵盖了生产工具、日用器皿等器用领域；还有如制度、组织、风俗习惯等社会领域，覆盖面非常广泛。从

---

① 张振祥编著．周易 [M]．北京：民主与建设出版社，2020.08.
② 张振祥编著．周易 [M]．北京：民主建设出版社，2020.08.
③ 方勇主编；程翔评注．说苑 [M]．北京：商务印书馆，2018.03.
④ 王玉德．中国传统文化新编 [M]．武汉：华中理工大学出版社，1996.
⑤ 现代汉语词典 [Z]．北京：商务印书馆，2012.

狭义层面上来看，则表示的是精神方面的文化。

（二）文化育人的含义

文化是用人文去化成天下，文化的目的是培养和塑造人才，可以说人创造了文化，同时又是文化的创造物。

文化育人，即以文化培育、塑造人。受教育者在接受教育的过程，可以看作是接受文化熏陶的过程。从语义的角度说，"文化"表示对人的性情的陶冶，品德的教养，"以文教化"是它的本义。所以，在今天看来文化的核心功能或基本功能在于教化，它是属于教育领域的一个范畴。

相对于知识育人，文化育人更强调文化整合能力的提高与培养，这种文化的整合能力往往通过内化，积淀为人的心理结构，形成一定的人格。只注重"知识育人"可能导致人的片面发展，而"文化育人"则能促进人的能力和素质的全面发展。知识育人侧重给学生传授更多的知识或技能，但文化育人不以学生获得了多少知识和技能为主，而是以育人过程要给学生一种成长的体验和掌握学习的方法为主，注重培养学生的人文主义精神。文化育人的过程离不开知识育人，提倡文化育人实质上是在学校的知识育人过程中，借助校园环境、学科专业、课外活动、学风、校风等文化载体，将教育内容融入学生的思想理念中，达到文而化之的效果。

文化育人是"以人类文化的正向价值为导引，教化人走向道德、理性、真善美，从而实现立德树人的目标追求。"[1] 其核心是以"正向"价值的文化"化人"，目标是教人道德、理性、求真、崇善、向美。"正向"价值的文化是指先进的文化，育人文化的"先进性"体现在符合党的教育方针、中国特色社会主义文化、社会主义核心价值观的要求，同时符合学生成长成才规律的价值要求，以情感认同、行为养成为培育和践行目标。因此，中华优秀传统文化正是育人文化中重要组成部分。

文化与教育密不可分，文化影响教育目的确立、教育内容选择、教育方法使用，而教育则对文化具有筛选、整理、保存、传播、交流、更新、创造等作用。文化环境、文化氛围具有潜移默化的强大教育作用，并以多种方式影响学校文化，因此文化本身就具有教育力量。而教育过程可以传递和深化文化手段、体现教育实践和丰富文化特质，因此教育也是一种特殊的文化现象。所以，文化育人既要明确以什么样的文化来"化人"，又要以科学的方式挖掘文化中的正向价值因素为"化人"所用，还要设计有效的路径实施"化人"行动。

---

[1] 陈秋明. 文化育人的独特价值[N]. 光明日报，2017-01-19(14).

（三）文化育人的特点

1. 文化育人思想具有历史延续性

虽然说，在中国古代并不存在严格意义上的文化育人，但在古代社会约定俗成的风俗和诸子百家的学说中，文化育人思想融汇于其中。不同于当代社会意识的独立分类存在，在古代社会，道德同社会意识的其他方面是融于一体的。古代道德是以儒家学说修身达人的伦理观念和道德教化的政治观念为主体，包含着各种各样的社会秩序和伦理关系，并充当着调节这些关系的手段。因此，古代文化育人思想的内在含义要比当代文化育人的内容更为广泛和丰富。

如果将古代文化育人思想做一个概括，便是"修身、齐家、治国、平天下"。"修身"是基础，"齐家、治国、平天下"是目标，这对个人对社会都提出了要求，个人自身的道德修养是帮助国家与社会进步的基础，而国家和社会所营造的和谐的文化氛围，又为个人的修养提供了环境。将个人的成长与社会和国家的发展结合在一起是古代文化育人思想的核心内涵，并一直深刻影响着中国文化育人思想的变迁，在历经近代新旧道德之争和中华人民共和国建立和发展后，中国文化育人思想的发展并未中断过，其独特的历史延续性也为当代中国文化育人教育理论的发展提供可以借鉴的经验。

2. 以"人"的培养作为文化育人教育的核心

古代文化育人思想强调"人"的道德素养，到了近代虽有私德与公德之争，但争论的重点仍是以"人"的道德发展为中心。因此，中国的文化育人教育归根结底是对"人"的培养。

结合历史来看，中国文化育人教育始终将"人"的内在修养与发展当作本质发展核心，并注重文化育人之于国家和社会的重要性。始终将个人的道德素质与国家的发展联系在一起，个人道德素质的提升有助于国家和社会的进步，这种进步反过来也会影响着个人对道德素质的自我提升。在这样的条件下，"立德树人"作为教育的根本目标是大势所趋，志之所向。

3. 文化育人的效果展现出了高度的持久性

文化的力量虽然未必会对人的行为产生直接性的影响，但是却能够对思想品质产生影响，进而影响人的行为。这样渗透式的文化育人模式，使思想政治教育文化育人的效果更具持久性，效果更加固化。思想政治教育文化育人需要重视调动受教育者个人的内在力量，实现其个体的"自化"，增强思想政治教育的现实影响力。文化能够完善人的人格、滋养人的心灵，人格的完善和心灵的滋养不是一朝一夕就能完成的，但人无时无刻不在受到文化的影响，使得文化育人的效果有着持久的特点。思想政治教育文化育人不是瞬时的，而是通过长期的感染浸润的方式促进受教育者的内化，从而实现行为的转化。文化可以对大学生的心灵和精神起到浸润的作用，让文化更高效地融进受教育者的精神世界，甚至在很大程度上可以影响他们的未来走向。文化育人，就是要作用于人的精神，丰富人的头脑、浸润人的心灵，实现受教育者在知情意信行各方面得到发展，固化文化育人的实际效果。

二、以文化为依托深化思想政治教育

（一）思想政治教育文化育人的目标所在

就国家的角度来讲，精神文明建设的稳步发展是有效增强综合国力的重要一步；对于社会来讲，社会主义先进文化建设是推动社会进步与发展的重要环节；于学校建设来讲，是高校实现发展的必然路径。我国教育要"培养德智体美劳全面发展的社会主义建设者和接班人"，这就需要将以下几个方面作为重要价值目标。

第一，不断增强受教育者的思想道德素质。特别是对学生而言，学生是坚持和发展中国特色社会主义伟大事业的一支新生力量、重要力量，其可以用自身高尚的道德素质去辐射带动其他的社会成员，进而提升全社会、全民族的思想道德水平。具体来讲，就是要在学生的政治素质与道德素质上着力。首先，思想政治教育文化育人要进一步增强学生的政治素质。很多情况下文化育人实践的方式是柔性的，是一种潜隐但却不可小觑的"软力量"。学生的政治素质在文化育人的实践中能够得到大幅提升。其次，文化育人对学生道德素质的提升可以产生促进作用。学生是接受社会风气影响的群体，同时也能够引领社会风气的重要群体。学生身上寄托着增强中华民族道德素质的希望，学生群体道德素养的高低，也是中华民族总体的思想道德水平的重要表现。进一步增强学生的道德素养，培育学生的道德品行，是开展思想政治教育文化育人实践的重要目标。开展文化育人的关键环节，就在于以什么性质、何种内容、以什么样的方式去教育人。中国特色社会主义文化中蕴含了崇高的共产主义和社会主义道德，蕴含了社会、单位、家庭等不同场域的道德表现，以中国特色社会主义文化育人，提升了学生个人的品德素养，也是社会之德、国家之德、民族之德的进步。

第二，引导受教育者进一步厚植文化自信。首先，要积极帮助人们进一步牢固树立科学的文化观。文化观是人们在长期实践中形成的对于文化现象总的看法和根本观点的总和，在性质上有正确和错误之分。思想政治教育要更好地履行培育时代新人的重要使命。要积极引导受教育者树立科学的文化观，让其形成正确的文化观点，拥有正确对待不同性质、不同来源、不同内容的文化的能力。其次，要引导受教育者进一步坚定文化自信。受教育者需要在树立科学文化观的基础上树立和坚定文化自信，这是时代提出的要求，也是思想政治教育肩负的重要责任。在思想政治教育以文化人的实践过程当中，要注重涵养受教育者的文化行为，让受教育者在文化的主动学习与潜在涵养当中涵养道德、优化行为，更加确证自身对中华民族身份的心理认同，让其发自内心地从精神深处生成一种认同感，进而厚植文化自信。

第三，要进一步提升受教育者的文化素养。文明与文化两者是相互联系却又内涵迥异的词汇。有了人的存在，文化也就诞生了，但是有人的诞生未必能带来文明。文明是文化更为高级的形态，文明意味着人的开化，是人类优秀文化成果的广泛汇聚。文化素养是个人或群体文明程度的鲜明体现，大学生文化素养的高低是未来社会成员的文明程度的重要体现。文明素养是建立在对文化有着正确的认知、深厚的情感、坚定的意志、崇高的信念和规范的行为基础之上的，包含了良好的精神风貌、健康的心理状态和规范的社会行为。人们文明素养的高低，直接映射了全社会文明程度的高低。有效增进受教育者的文明程度，是在提升全社会思想道德素质的道路上迈出的坚实一步。

（二）思想政治教育文化育人的实践思路

在新时期思想政治教育中，必须牢牢扎根中华文化这块深厚的土壤，从中挖掘丰富资源，吸收其精神营养，使思想政治教育能够真正地成为新时期思想政治教育科学，并在实践中发挥更大作用。

第一，思想政治教育作为一种教育实践活动，是一项对人做思想教育的工作，是一项对人开展文化建构的思想工作，目的是促进人的社会化、提高人的文化性。人是文化的接受者，每个人的成长都是在一定的文化环境中进行，包括了对文化素养培养的要求；人是文化的创造者，在文化环境、文化运行中，从价值观念、思想方法、道德追求等因素中积极发挥主观能动性，生成一系列社会活动，这些活动实质上也是文化活动。文化作为认识世界和改造世界的独特思维方式、行为方式，在价值引领和活动组织中逐步形成一定的结构理路、触发模式，形成独特的思想政治教育资源。思想政治教育要密切与文化关联共生，尊重新时代公民道德规范和价值取向，理顺人的思维方式和行为指南。因此，思想政治教育就需沿着中华文化变迁的历史轨迹找寻其文化意蕴。

第二，思想政治教育作为一种教育手段，必须也必然要发挥一定的文化功能，即通过人文精神、文化机制启迪引领人的思想、行为产生变化，通过文化活动对人的生活实际产生影响。思想政治教育与文化存在密切关联，在具体实践情境需要自觉以党的思想政治教育理论为指导，积极引导和努力推进中国特色社会主义先进文化的传承发展；需要认真研究、积极实践如何更好地协调党的思想政治教育与社会文化环境在具体实践情境的落地生根，促进人的思想统一、文化自觉。

在文化价值链上，人作为文化的创造者，在活动中又受文化的影响，再通过活动反过来影响文化；同样，在思想政治教育的链条上，人也必然遵循这种影响机制，往复生发，促进成长发展。因此，思想政治教育必然要面对文化选择和文化创新，积极开展对人进行文化思想建构的探索。

第三，思想政治教育作为一种文化性意识形态活动，实质上是对文化的深刻观照、具体运行和动态适应。思想政治教育具有鲜明的意识形态性，意识形态从历久弥新的文化中来，也决定着文化的性质和发展方向。文化是民族生存和发展的重要力量，对一个政党、一个国家、一个民族的生存发展至关重要。通过对文化、思想政治教育、意识形态三者深层的追问，彰显思想政治教育对三者关系的反思和重构，形成"文化→思想政治教育→意识形态→再文化→再思想政治教育→再意识形态"的循环往复的过程。因此，思想政治教育在依循文化属性的同时，必须深入揭示思想政治教育的文化意识形态。

（三）思想政治教育文化育人的丰富内容

在以文化为依托深化思想政治教育的过程中，我们可以引入多元文化，如红色文化、中华优秀传统文化、地域文化、社会主义先进文化等，进一步丰富思想政治教育文化育人的内容，切实取得教育实效。此处主要介绍红色文化、地域文化和社会主义先进文化，而中华优秀传统文化与思想政治教育的融合，将于本书第五章进行具体详细阐述。

1. 红色文化

（1）红色文化的内涵

《辞海》对红色的解释包括以下这些意思：一本指浅红色，后泛指血、火等颜色；二象征无产阶级革命及政治觉悟高；三表示胜利、成功等；四指喜庆事等。[①]在西方，红色主要指血的颜色，常与暴力和危险联系在一起；在我国，"红色"主要是喜气、祥和与正义的意思，这里谈到的"红色"是我国特有的、充满着社会主义色彩。

这里所说的"红色文化"，并不是文化和红色的简单叠加，它是以中国共产党为领导的，在革命的建设和发展过程之中所形成的文化。具体来说，红色文化是中国共产党在领导人民经过长期革命斗争，争取民族独立、人民解放以及社会

---

① 夏征农，陈至立主编. 辞海（第二版）[M]. 上海：上海辞书出版社，2009.

主义建设过程中逐渐形成的一种带有政治功能、教育功能的特殊文化。

红色文化的特殊就在于它是符合中国历史、中国国情、中华民族传统文化的且融合了马克思主义理论又反映了广大人民群众的理想信念和精神追求的一种文化。红色文化也是中国共产党和广大人民群众通过自己的经历和充分的实践形成的一种文化，它反映了中国共产党的发展历程，红色文化中所蕴含的内容和精神就是中国共产党精神的体现。我们可以看到，无论社会怎样发展、文化的形式和内容怎样变换，红色文化永远是先进文化，永远是文化的优秀代表。今天，我们之所以要继续传承和弘扬红色文化，就是因为红色文化的精神和内涵对现在中国特色社会主义建设依旧具有现实价值和意义。红色文化内容的丰富性、教育形式的多样性、文化精神的引领性对思想政治教育依然具有指导作用。

从红色文化的内涵来说，可以把红色文化分为物质层面、制度层面和精神层面。物质层面的表现形式有烈士陵园、重要会议会址、领导故居等；制度层面主要表现为党在革命、建设、改革时期形成的体制机制、纲领、路线等；精神层面主要表现为红色精神、红色思想、红色观念等。

（2）红色文化的特征

①政治性与人民性

鲜明的政治性和彻底的人民性是红色文化的首要特征。红色文化产生于无产阶级革命时期，是中国共产党反帝反封建的先进文化，它真正实现了政治性和人民性相统一。

政治性是无产阶级革命时期最明显的特征。红色文化始终与人民处于同一立场，始终与广大人民群众的政治观点相一致，不管任何时候，都始终为国家和人民服务，这充分体现了红色文化的政治性。中华人民共和国成立之后，中国共产党又把红色文化融入到了社会主义建设之中，我们利用红色文化来弱化和抵御西方意识形态渗透所带来的消极影响，为我国顺利开展各项工作奠定了坚实的基础。

红色文化具有人民性。红色文化所反映的是全国人民对未来的向往和精神的追求。红色文化的内容是人们根据实践得来的，红色文化的发展是由人们共同努力取得的，红色文化的传承仍然需要依靠人民。人民群众在红色文化的各个时期都发挥了巨大的作用。同样的，红色文化不管在什么时期都要充分体现人民群众的最根本的意愿，不能有半点马虎。红色文化的发展要依靠人民，同时红色文化取得的成果也要和人民共享。所以说，人民性始终是红色文化的出发点和落脚点。

②民族性与开放性

红色文化的产生受当时历史时期的影响，它的形成既有对传统文化的继承又有对传统文化的批判，更是结合了马克思主义的科学理论，并且还结合了其他社会主义国家的文化，实现了民族性与开放性的融合。红色文化主张本民族不受奴役和压迫，追求独立和自主，要保证本民族的整体性，所以，红色文化是民族的。因此，红色文化是中国共产党带领中国人民利用马克思基本原理并结合中国实际，为实现民族独立、人民解放、国家昌盛形成的一种文化形态。由于红色文化在中国诞生，由中国共产党创立，因此，红色文化带有民族性。

红色文化虽然生长在中国大地上，具有显著的民族性，但是它不是一个闭关自守、因循守旧的文化，中华民族也不是一个停滞不前、故步自封的民族，红色文化在体现民族性的同时同样具备开放性。世界是一个开放的世界，在世界文化大网中，红色文化必然会接触到其他国家、其他民族的先进文化，在接触到其他优秀文化时，红色文化同样会借鉴和吸收外来先进文化的优点，取其精华、去其糟粕，使我们民族的红色文化与时俱进、顺应潮流。红色文化就是经历了中华民族传统文化和外来先进文化的思考和转化而形成的一种先进文化。一直以来，红色文化始终具有开放性，它以它强大的包容度使其变得更符合每个时代和人民的需要。

在红色文化同时具备民族性和开放性的同时，我们也要警惕那些恶意抹黑、矮化民族文化的错误思想，不断提升文化自信，只有这样，红色文化才能越走越远。

③时代性与先进性

文化是时代发展的产物，每个时代都会形成一种属于自己这个时代的文化，红色文化同样如此。红色文化形成于新民主主义革命时期，那么它的形成必然符合当时历史条件下的政治、经济、思想等状况。因此，红色文化具有鲜明的时代性，在不同的时代发挥着不同的作用。在革命战争年代，红色文化能够充分调动广大人民群众反帝反封建的积极性，能够激发人民群众主动参与到革命斗争中来，也能满足人民群众的精神需求。改革开放时代，红色文化能够引领广大人民群众积极参与到改革和创新之中，能够帮助人们改变传统思想，迎接时代潮流，从思想上主动为改革和社会经济发展做出自己的贡献。在社会主义新时代，红色文化同样被赋予了新的生机与活力，红色文化增添了一些新的符合时代需要和时代特色的内容。可以说，在不同的历史时期，在不同的时代，红色文化都被赋予了符合时代特色的内容和意义。所以说，红色文化具有时代性。

先进性是红色文化的又一显著特征。新文化的形成不会是单独承接某一种文化，而是会在继承原有文化的优点的基础上，接纳和吸收其他符合目前和未来需求的先进文化，这样一种兼容并蓄的文化必然具有先进性。辩证唯物主义和历史唯物主义告诉我们，事物的发展必须符合客观事物的发展规律。红色文化之所以能发展正是因为人们需要它，它完全符合客观事物的发展规律。所以，它同样具有先进性。

(3) 思想政治教育依托红色文化育人的价值

①传承文明的价值

从历史长河中可以看出，红色文化是中国共产党产生和发展的重要法宝。它是中国共产党结合中国的实践对马克思主义给予了极大的丰富以及创造性发展，从而使马克思主义更具中国特色，如毛泽东思想、习近平新时代中国特色社会主义思想等方面的成果，这些都折射出浓浓的红色精神。从我国的长远发展来看，只有将红色文化建设立足在我国特有的社会主义事业基础上，才能将时代精神和民族命运进行有效凸显，也才能更进一步对中国传统文化的有效继承和发扬，让其展现出与时俱进的特色。同时弘扬红色文化是培育新的民族精神的迫切需要，在社会主义建设发展的今天，红色精神仍具有指导意义和价值，抗震救灾精神、奥运精神等，这些都是对红色文化精神的继承和发扬，同时在对进行思想政治教育过程中，这些都为受教育者提供了丰富的精神食粮，让其能够真正感受到前辈先烈不屈不挠、顽强拼搏等精神。

②寓教于乐的价值

红色文化的发展，是经过一定时期酝酿的结果，传承至今的原因在于，红色文化本身的先进性和科学性，将这些先进的、科学的文化融入思想政治教育中，必然会促进思想政治教育的科学开展。一方面能够提升大学生的思想觉悟，让他们能够以更高的热情投身到社会主义现代化建设中，有效满足其在精神方面的多种需求。同时，从另一个层面来看，其能打破古板的课题传授，使大学生在寓教于乐、寓教于唱中受到教育、提高认知、陶冶情操。甚至可以将红色文化打造成旅游胜地，内设大量有趣、多种多样的实践趣味活动，使大学生在寓教于游、寓教于玩中，感悟信仰的力量、增进政治认同，以此体现红色文化的价值，落实思想政治教育立德树人的根本任务。

③载体支撑的价值

我们可以利用现存浓缩着红色文化的各种纪念地，革命遗址等，对人们进行红色文化教育，丰富受教育者对红色文化的认知。红色文化的精神财富，涵盖了如马克思主义理论教育、思想道德教育、组织纪律教育等众多先进的教育内容，在当下思想政治教育过程之中，对红色文化继承和发扬的有效途径，便是充分利用好这些红色资源，让其和课堂教育进行有效融合。例如，在大学生思政课的理论教学中，有效渗透红色文化教育，能够帮助他们把握红色文化所包含的革命精神、民族精神的精髓，提升其民族认同感，同时还可以帮助他们树立正确的价值观以及人生观。在大学生思政课的实践教学中，让大学生在实践体验中感悟红色文化，在感悟中受到洗礼，让红色文化的精神内化于心，外化于行。还可以通过红色影视、红色歌曲、红色旅游等多种形式的开展进行思想政治教育，既能打破传统灌输式教学的束缚，又能提升红色教育的成效，使思想政治教育变得更为生动活泼，减少理论教学的枯燥性，既能"贴近生活"又能"贴近学生"。这样红色文化的精神载体的作用才能充分发挥，红色文化对受教育者的爱国主义教育才能更好地根植于他们的心中。

（4）思想政治教育依托红色文化育人的重要作用

①悟真理，牢记初心使命的必然要求

历史是最好的教科书。人有命根，国家有命脉。一个人忘记了自己的根脉，就会像失去了骨架主梁一样，肉体散涣。同样地，一个国家忘记自己的历史，忘记自己的根，即使国家再强大，也毫无稳固可言，终究会崩溃。

历史发展到今天，中国从落后挨打到走近世界舞台的中央，从命运未卜到中国特色社会主义蓬勃发展，中国的奋进历程并非一帆风顺，前进的道路是曲折的。中国共产党是在救亡图存的背景下诞生的，从一开始就以马克思主义的立场观点为指导，成为挽救中国命运的直接力量。它带领中国人民所创造的红色文化，是为人民谋幸福、为民族谋复兴的道路上踏下的每一个脚印、每一个步伐。一路走来，先进的马克思主义在中国大地上生根发芽，并开出了中国特色社会主义的花朵。实践是最好的证明，实事求是的中国共产党在一次次历史实践中，坚定了这条道路，为中国人民指出了实践真理、人民真谛。认真了解红色文化，就是在重温中国共产党带领人民奋斗的历史进程，就是在铭记每一位为民族复兴浴血奋战的仁人志士，就是在牢固共产党的初心和使命，用充满热血和民族情感的历史记录激励享有和平生活的当代人，在红色历史中感悟真理，牢记初心使命。

②树信念，培育优良品行的必然要求

信念，是对于某一种事物或者某一种思想，保有坚信不疑的态度，并能够身体力行地去贯彻。于个人发展，它是目标引导和精神补给；于国家发展，它是行动原则和精神支撑。总而言之，没有坚定的信念，就会在被压迫、被奴役的时候怯懦退缩，就会在翻步过山、迈步过河的时候打退堂鼓，就会在失意绝望的时候迷失自我，找不到方向。

党带领人民，在政治上实现人民民主，在经济上创造发展奇迹，击退敌军、发展建设、摆脱贫困、对抗灾难、战胜疫情，无一不依靠坚定的理想信念。对中国共产党而言，坚定理想信念就像给身体补"钙"，一旦缺失，就会得"软骨病"。在红色文化的这本厚书中，探寻共产党人的足迹，都能发现其一以贯之地坚定我党的理想信念。也正是因此，才在布满荆棘的道路上一次次取得成功，不断开创新成果。学习和弘扬红色文化，就是让当代人深刻认识红色政权来之不易、中国特色社会主义来之不易，理解新时代坚定"四个自信"的内在逻辑。以信息产业为特点的新时代，世情、国情、党情都在发生深刻变化。网络信息技术的快速发展，既为全民生产、生活带来了非常大的便利，但同时，也深刻影响着当代青年人的思维模式和思想观念。历史虚无主义和外国势力在网络、社交等平台上此起彼伏，可能直接影响到人们的思想认识，从而导致其诱导、被利用、被同化等后果，严重破坏育人效果。因此，以红色文化培养受教育者树立坚定的理想信念和价值观，是抵御思想文化领域风险的迫切要求。

③扬自信，增强文化软实力的必然要求

新时期是国家文化软实力凸显的重要时期，各个国家尽情在世界舞台上展示自己的民族文化风貌，经济实力的相互竞争已经不构成国家竞争的唯一标准了，文化竞争力也是国家实力竞争的一种。红色文化是我国文化软实力的重要组成内容。而文化软实力的较量，也是国家在世界舞台上扩大话语权的重要依据。

文化是一个民族最深厚的基因所在，为谋求短期发展而摒弃自己的文化实属目光短浅之举，长足的存续必须厚植文化情愫，为国家和民族注入灵魂。培养受教育者对红色文化的认同、对红色精神的弘扬都是时代赋予思想政治教育的神圣责任。以红色文化催生人们对本民族文化的自信，增强作为中国人的志气、骨气、底气，是提升文化软实力、增强话语权的必然要求。

2. 地域文化

（1）地域文化精神的内涵

庄子曰："且夫水之积也不厚，则其负大舟也无力；风之积也不厚，则其负大翼也无力。"[①]一个地方如果没有深厚的历史文化，那么这个地方必然根底浅薄，难以发展潜力。

狭义的地域文化指的是在先秦时期，中国历史上不同地方的精神财富和物质财富的汇总；广义的地域文化则指的是中国历史上不同地方的精神财富和物质财富的总和。

不同的地域会孕育不同的地域文化精神。例如，四川盆地中的成都和重庆的巴蜀文化，它所形成的巴蜀文化精神影响着一代又一代的巴蜀人，我们忘不了2008年5月7.8级地震带给这片富饶土地的灾难，更忘不了巴蜀人坚韧不拔和乐观积极，坚强勇敢的重建家园。再如，三晋文化是山西特有的地域文化，三晋文化是在中国传统文化影响下发展起来的，有着浓厚的儒家思想，"和为贵"延伸出的信义、互助、宽容、仁爱等思想，三晋文化精神开放、务实、求新是最有价

---

① （战国）庄子著；夏国强注译. 庄子[M]. 武汉：长江文艺出版社，2020.06.

值的东西。山西文化进程从未间断，历史文化精神更是源远流长，对山西人民产生了深刻的影响，使得晋商发展之路无限宽广和光明。又如，以山东为代表的齐鲁文化，它历史悠久，气势恢宏在中国文化和文明发展史上起着重要的作用，都说山东有一山、一水、一圣人，即号称五岳之首的泰山、中华民族的母亲河黄河、伟大的思想家教育家被尊称为至圣先师，万世师表的孔子，无一不体现齐鲁文化的悠久历史与胸襟博大。孔圣人"仁、义、礼、智、信"至今影响着千万齐鲁儿女继承和发扬崇礼尚义、勇敢坚韧、忠厚正直、勤劳智慧的齐鲁文化精神。无论是巴蜀文化的独特，三晋文化的正统还是齐鲁文化的礼节，最终都产生出独属于它的地域文化精神。

（2）思想政治教育依托地域文化育人的重要作用

地域文化精神是历经悠久的艰苦岁月所留下的中华民族的优良传统，象征着中国人民崇高的精神风貌，地域文化精神中爱国主义精神从古至今一直是深埋在每一个华夏儿女心中的根，思想政治教育要引导受教育者树立正确的思想观念，继承和发扬地域文化精神。地域文化的精神和思想政治教育的目标是相同的，因此，将地域文化精神与思想政治教育相结合，是社会发展的必然趋势。

①丰富思想政治教育内容

地域文化精神是我国国家精神重要的组成部分，它凝聚了各个地域、各个民族的优良品德，思想政治教育目的是培养受教育者树立积极正确世界观、价值观和人生观。地域文化精神是经历过时间的检验，能够对人们产生积极的影响。创新和发展思想政治教育，把地域文化精神融入思想政治教育有利于丰富思想政治教育的内容，更利于发挥思想政治教育的作用。

同时，在思政教育过程中，引入地域文化和人文精神，创设真实的感知情境，能够让枯燥的理论变得生动、有趣，有助于学生理解，从而激发学生学习的积极性和主动性，增强文化自信。比如，可将当地的历史名人及其事迹等作为教育资源，引导学生以他们为表率，努力成为新时代有本领、有担当、有作为的青年。

②传承地域文化和人文精神

每个地域都有独特的文化品质和人文精神。地域文化内容丰富，包括历史人物、戏剧文化、曲艺文化、艺术文化、音乐舞蹈文化、饮食文化等。将地域文化融入思想政治教育，有助于受教育者全面认识地域文化，推进地域文化的传承和创新。学生通过学习能感受到地域文化的丰富多彩和独特价值，增强地域自豪感。

③促进地域文化交流

地域文化能塑造受教育者的文化气质、品格和韧性，但与此同时，也会对学生的文化思维进行固化。因此，广泛开展地域文化教育，能让来自不同地区的人们接触新的文化、形成新的思维认知方式，在与他人交流的过程中促进不同地域文化的融合、创新和发展。将地域文化融入思想政治教育，是文化交流和创新的现实需要，有利于学生树立开放、包容、兼收并蓄的文化价值观。

④厚植新时期家国情怀

将地域文化融入思想政治教育，实质上是通过展现地域的文化内涵和人文精神，培养受教育者的家乡情怀，最终丰富新时期家国情怀的内涵。家国情怀会激发人们的地域自豪感和自信心，增强建设家乡的责任感，为家乡发展出谋划策。只有留得住人才，才能真正推动地域发展，解决我国地域经济发展不平衡的问题。

3. 社会主义先进文化

（1）社会主义先进文化的内涵

社会主义先进文化是指以马克思主义为指导，以培养有理想、有道德、有文化、有纪律的四有公民为目标的面向现代化、面向世界、面向未来的，民族的科学的大众的社会健康积极向上的具有特色社会主义的文化。

社会主义先进文化由马克思主义与中国优秀文化结合而生，与社会主义生产力相匹配，具有强烈的中国时代特色，能够不断提高人的精神世界，是推动社会主义建设的重要思想。社会主义先进文化主要表现为对中华民族优秀传统文化的现代重构，对中国共产党革命文化的继承发扬，以及对中国特色社会主义事业的文化建设。以社会主义先进文化为指导，激发文化活力，增强文化凝聚力，促进中国特色社会主义建设事业的发展

（2）思想政治教育依托社会主义先进文化育人的价值

①社会主义先进文化是思想政治教育的重要内容

思想政治教育其实质是发展人的意识形态的工作，而文化与意识形态虽然没有重叠，但在任何时候，文化一直是意识形态的核心内容，它包含于思想政治教育中且服务于它。社会主义先进文化的建设主要包括思想政治道德建设和发展教育科学。它是构建社会主义核心价值体系的核心环节，是思想政治教育的重要组成部分，解决的是整个中华民族的思想潮流和思想动力问题。

思想政治教育涵盖于社会主义先进文化建设的主要内容之中，为社会主义先进文化内容建设提供高尚的道德素质。我们要以马克思主义理论与中国特色社会主义理论基础内容，针对培养者主体性文化素质的不同，对其思想政治道德品质的培养和科学文化知识的普及，在思想政治教育活动过程中开展时代精神教育，并逐步引导与当代社会主义文化相适应的思想道德素质。

无论是从思想政治教育道德建设上还是政治观念上，其都对社会主义先进文化建设内容绽放出正能量。教育被看作是人类实践活动的基本形式之一，亦是社

会主义先进文化传播的最主要途径。长久以来所形成思想政治教育体系是人和社会发展客观需要，也是社会主义精神文明建设和社会主义先进文化建设的主要内容，对整个社会精神文明建设有着巨大的影响，为当代社会主义先进文化建设提供了强有力的正能量。公民道德的培育作为思想政治教育工作的中心任务，要关注人文教育，培育和造就能够满足社会主义先进文化发展的"四有"新人。

②社会主义先进文化为思想政治教育内容的改革与创新提供空间

思想政治教育学科自成立起，便与社会主义先进文化的指导方针紧密相连。随着与时俱进的社会主义先进文化发展，对思想政治教育提出了新的发展要求，必须有和谐的、稳定的、科学的思想文化与之呼应。由此可见，思想政治教育内容的改革与创新要根据一定社会文化要求和受教育者的思想实际情况来制定，通过教育者有目的、有步骤、有选择的信息传递过程来实现。显然其内容改革与创新是受"一定的社会文化要求"和"受教育者思想实际情况"两方面因素制约。

新时期新阶段，思想政治教育要与时俱进，坚定不移地改革与创新，真正地肩负起自身的职责与使命，在教育中不断地自我完善，为党和国家各项事业发展提供正确的思想导航。

社会主义先进文化的创新是思想政治教育前进的不竭动力。思想政治教育的发展，必将把该社会的文化含量推向更高的水平。两者间天然的暗通，把科学的不断发展着的社会主义先进文化融汇到思想政治教育中，为思想教育添增系统的、正规的、符合社会主义和谐社会发展的力量。思想政治教育的丰富与发展与社会主义先进文化发展要求相一致，是通过指导人们的政治思想、道德品质所形成的。各历史时期，社会文化对思想政治教育有着新发展要求。因此，根据不同时期的需要进行适当的调整，以满足社会主义先进文化的需要。

第三节　新型教学方法下的思想政治教育

举凡教育，归根结底都会有具体落实的教学方法。在思想政治教育中，教学方法起着非常重要的作用，影响着思政教育能否取得良好的教学成效。传统的思政教学方法存在单方面灌输、枯燥等问题，难以唤起学生学习的主观能动性，难以真正入脑入心，随着思想政治教育的不断发展、革新，其教育方式进一步丰富，多元的新型教学方法能够吸引学生兴趣，使其自觉自愿地投入思政学习之中，不仅保障了思想政治教育的成效，更能切实达成思想政治教育的目标与期望。本书以翻转课堂和体验式教学为例，阐述思想政治教育的新型教学方法。

一、翻转课堂在思想政治教育中的应用研究

（一）翻转课堂的概念

"翻转课堂"直译自"flipped classroom"，简单来说，就是在传统教室中发生的活动与教室外发生的活动进行调换。传统课堂的教学活动在一般情况下，对于学生的培养主要包含两个层次：知识的传授以及知识的内化。其中，教师利用课堂时间单向地讲解知识，从而达到向全体学生传达新知识的目标，学生在课后经历实践和反复的练习来独自进行知识的建构。而翻转式的课堂能够使这种传统形式得到全新的转变。

翻转课堂主要包含如下四项关键因素：

1. 教师的角色定位

传统课堂中负责"知识的讲授者"这一角色的教师，在这里得到了颠覆，成为学习活动的指路人和教学过程的设计组织者。教师在翻转式的教学活动中，不再因为传统的课堂时间而束手束脚，可以根据教学反馈等灵活地组织各种学习活动，帮助学生一起进行学习任务和知识内化。

2. 教学视频设计

教师根据学生的情况因材施教，借由教学反馈和学生的学习习惯设计制作适合学习者的教学视频，来让学习者产生学习的兴趣的动力，在视频中高效地传授知识并合理地布置学习任务。通过总结翻转课堂教学视频的成功经验，不难发现他们的共同点都是时长较短并创设了相对轻松的学习气氛。

3. 个性化协作式学习环境的构建

翻转式的课堂，为广大学生们营造了一个更加适合学生个性化发展、促进各位学生交互和合作学习的良好空间。全体学生之间通过互帮、互助协作进行学习活动，发展每个学生独一无二的个性和创造能力。这主要依赖于虚拟学习情境与实体学习情境这两者的共同构建。学生可以根据自身的学习习惯和能力，选择适当的时机与地点进行课前阶段的自学，发展了学生的个人品格和自我控制、自我调节能力。

4. 课堂活动设计

与传统课堂相比，因为将知识传授的阶段放置在课前，翻转课堂教学模式下的课堂时间可以更多地被用以帮助学生进行知识的建构和内化。新课改强调教学要创设适宜的学习情境，翻转课堂模式帮助教师更轻松地创造真实问题或项目，以吸引学生注意，引导学生进行思考。

（二）翻转课堂对思想政治教育的积极影响

1. 相比传统的思政教学方法，更能培养学生学习的自主性

翻转课堂教学中的一大特点就是学习过程由学生自己根据自身情况决定。传统的思想政治教育的教学过程一直是教师根据自己依据教材制订教学计划，按部就班地完成教学任务，思想政治教育经常给人留下灌输的印象。学生传统的思想政治教育环境下，学习过程完全处于被动地位，缺乏学习自主性，教学过程中只能被动接受知识，学习的能动性没有被充分调动。因此，思想政治教育可以利用翻转课堂具有自主性的特点，改变教师单向输出式的教学，让学生在学习过程中享有更大的自由。

在翻转课堂的教学方式下，学生摆脱了在被动环境下学习的情况，他们能够自主完成思想政治教育学习计划。学习过程依据自己的情况决定，这样的学习自然更加具有针对性，特别是学生可以反复观看学习得不扎实，理解不透彻的知识点，有效提高思想政治教育的实效性。

2. 相比传统的思政教学方法，更能突出价值导向

翻转课堂能够发挥思政课价值引领的强大作用。思政课作为立德树人的关键课程，在价值观塑造方面发挥着主渠道、主阵地的作用。传统的思政课教学方法下，教师讲得多，学生思考得少，一堂课下来，学生似乎接受了理论，受到了教育，但过一段时间，理论性的东西打下的烙印不多，因而在价值观的养成方面起不到应有的作用。在"翻转课堂"教学方法下，由于学习方法的改变，要求学生主动学习和思考的环节增多，主动学习有助于增强学生的价值判断能力、价值选择能力、价值塑造能力。再加上"翻转课堂"学生的主动提问，涉及的问题往往是学生比较关注的社会现实问题，教师在答疑环节对问题有理有据的引导和回答更具针对性和现实性，更能从社会实践的角度让学生认知真善美和假恶丑，因而也更能帮助学生树立正确的价值观念，发挥思政课的价值引领作用，实现思政课的"价值性和知识性相统一"。

3. 相比传统的思政教学方法，更能够突出问题意识和实践目标

教师在教学准备阶段，对课程的知识、价值和实践目标都会有相应的思考，在线上学习资源的选择、讨论话题的设定以及学生学习资料的获取方面不仅会考虑理论知识，也会注重理论与实践的结合，也就是说会考虑到学生对现实问题的关注。在"翻转课堂"教学方法下，学生在上课前已经主动学习了相关的理论知识，教师的主要职责是课堂答疑解惑、析事明理和适时引导，而析事明理需要教师能够在理论指导下回应解释学生现实中遇到的困惑，因而教师要具备对形势与政策

以及社会热点问题的正确认知能力，教师要不断关注社会热点问题并进行深入思考，而这些经过思考的热点问题都会成为课堂上教师理论联系实际的生动案例，既激发学生对思政课的学习兴趣，彰显思政课以理服人、情景交融的教学效果，又坚持了思政课"理论性与实践性相统一"的原则。

（三）思政教育应用翻转课堂时应注意的问题

翻转课堂作为一种教学模式，有其自身的价值指向。但任何一种教学模式都有一定的适用限度，无法成为一种包打天下的万能模式。因此，我们对思政教育翻转课堂的课前学习和课堂活动中应注意的问题进行分析和总结，以期在后续设计和实施中更加完善。

1. 课前学习中应注意的问题

（1）注意精选教学资源，避免师生负担过重

思政课知识点比较抽象，要靠学生通过自己的理解来深入学习，教师起到引导和辅助作用。教材中的有些章节的教学内容偏理论性，需要教师精细的课堂理论讲解才能更好地让学生理解；而有些内容则运用形象化的视频才能资料更能让知识直观呈现，因而翻转课堂教学模式虽有其独特优势，并不是每一章、每一节、每一课都适用于翻转课堂，它难以应对所有的教学内容。将导学任务单和微视频始终贯穿于整个课程或者是应用于每堂课中，反而会无形中增加学生的学业负担，教学效果将会适得其反。

制作与选取问题高质量视频资源的是翻转课堂教学的挑战。选择课前的学习视频应依据就是课程教学目标。在选取课前学习的视频资料时，要围绕教学目标、结合学生实际深耕教材理论、灵活选择教学重难点、精心编排视频内容以吸引学生兴趣和注意力。思政课翻转课堂教学内容的选择应基于教材内容、结合社会生活热点、围绕学生兴趣点、贴近大学生实际生活。从当前生活中的热点出发，与教材中相关知识联系起来，将思政课教学融入大学生日常生活中去。对于不太适合运用翻转课堂教学的内容，可以采用传统教学方式或者其他方式进行教学，灵活处理。课时的选择上建议每一章应用1—2次翻转课堂教学模式，总计不超过总课时的1/2。

（2）注意提高学生课前学习自觉性

与传统教学模式相比较，翻转课堂给了学生较多的自主学习时间和空间，为充分利用好这个机会，前提是要学生有较强的学习自觉性和主动性，是翻转课堂有效开展一个重要的内在条件。

因此，教师要对学生课前学习进行有效的管理和监控，从学生自身出发增强

自主学习意识,从教师外在监督方面加强对学生自主学习的监督,以保证自主学习能够取得良好效果。另外也可以从技术手段和学生管理手段解决这一问题,一方面通过后台监控、观看时间等对学生的学习行为加强监督和检查,加之教师也经常向学生传授自主学习思政课的方法和做题技巧,及时对学生的问题反馈、帮助其改进不足,提高其自主学习能力,逐渐养成良好的学习习惯。另一方面,成立学生学习自律管理小组,有寝室长、学委、班干组成小组,成立课前学习督导检查组,对学生课前学习情况进行检查和落实,发挥学生的责任意识和主导性。

2. 课堂活动中应注意的问题

思政教育翻转课堂的教学活动开展应注意提高课堂探讨环节的实效性。在课堂探究中,有的学生存在浑水摸鱼,搭上小组合作探究的"便车"等问题;在成果展示时,有的学生存在临场发挥,借用他人思考成果等问题;而部分教师对学生探究的放任式管理,也将导致探讨流于形式,出现流程化应付等现象。因此,在翻转课堂的课堂活动中应特别注意"实效性"问题。

提高课堂探究实效性要求教师要具备对学生观点的提炼和概括能力,具备对整个课堂掌控能力,即对学生在课堂探究的话题要提前做好充足的资料准备、对学生探究中可能遇到的问题及解决措施进行提前预判的能力、有效沟通的能力、稳定课堂的驾驭能力,鼓励引导学生主动去探究、愿意去探究,自觉融入进去,让课堂更加有激情、更加引人入胜。因此教师不仅具有扎实的学识基础,而且也需要在教学中多关注学生、鼓励学生。通过课前充分的准备、观摩学习、亲身经验总结、不断学习积累经验。

二、体验式教学在思想政治教育中的应用研究

(一)体验式教学的概念

体验式教育是针对以往说教式、理论式教育模式基础上提出的,提倡在教育实施中教育工作者不仅要重视对受教育者理论、说教方面的知识传递,更要重视其实践、体验,使受教育者真正融入一定的环境内,发挥自身主体性,加大知识的运用,并且在知识运用中得到知识真谛,以此健全思想品质。

体验式教育更加贴近于生活实践,是一种知识内容转化过程,对以往教育是一种补充形式,能够帮助受教育者将理论转变为实际,并且在实际运用中得到生活感悟。体验式教育是教育者与受教育者之间共同参与的,通过具体活动发挥各自所在活动中的地位作用,一同促进活动任务的完成,以此从中获取一种人生感悟。

（二）体验式教学融入思想政治教育的内涵

体验式教学理念融入思想政治教育的内涵不仅仅是体验式教学与思想政治教育的简单合并，而是体验式教学有机渗透进思想政治教育中，让学生在获取价值体验的基础上接受价值教育。

"体验""主动参与""亲身经历""躬身实践""循序渐进""潜移默化"是体验式教学理念融入思想政治教育的关键。

在这里，我们结合新时期新环境对体验式教学理念融入思想政治教育作出概念界定。体验式教学理念融入思想政治教育是指体验式教学有机渗透进思想政治教育中。在思想政治教育教学活动过程中，以受教育者独特的认知特点和学习诉求为基础，在相互尊重、理解沟通的基础上，教师根据思想政治教育教学的目的进行内容设计、组织体验活动。教师与学生通过互动的平等对话来升华思想政治教育活动。教师与学生之间通过他们相互关系的建构来达成一种价值体验，在这种共识当中，形成符合社会要求的正确的价值观和知识认同，从而实现思想政治教育目的。

体验式教学理念融入思想政治教育并不是主体独立地进行体验，而是思想政治教育主体之间通过相互关系的建构来达成一种体验。思想政治教育问题融于体验中，思想政治教育知识融于思考中，行动融于动机中，思想政治教育教学活动在教师的积极引导下通过师生的共同体验予以完成。教师应该是体验式教学的组织者、服务者、引导者和评价者，学生应该是体验者、讨论者、思考者和内省者。教师的主要职责是根据明确的教育目标组织体验教学活动，激发学生参与体验活动的乐趣，引导学生在体验活动中获得体验，并在活动结束后对学生做出引导和评价。学生的主要任务是在体验活动中讨论、思考、内省，并进一步升华为价值体验，真正获取思想政治教育蕴含的价值。

体验式教学是体验与内省协同作用的过程。学生在亲身体验中用眼睛观察，用心灵感受，在教师的引导下思考、研究、反省，体验与内省协同作用，最终学生获得价值体验。体验式教学注重个体自我价值的提升，教师与学生之间建立相同的价值观和认识。体验式教学并不是依靠法律条文或者制度规定这种被动式的方式对学生产生约束，而是在教育初期就引导学生获得价值体验，培养学生的主体自觉性，在教育过程的始终依靠这种自觉意识转化为行为习惯，从而进一步激发学生进行自我约束和管理。

（三）体验式教学融入思想政治教育的意义

1. 提升思想政治教育的趣味性

相较于过去强调学习知识的传统教学模式，体验式教学将教学知识融入模拟情境，强调学生通过切身体验获得即时感受，教师将一些晦涩难懂、过于抽象的思想政治教育理论知识有针对性地进行体验活动设计，为学生提供课堂实践参与的机会。如"角色扮演"的换位思考，让学生更好地感受，从不同的视角去思考问题，以"新鲜感"激活学生的兴趣。

此外，教师还可以引导学生参与学校的各类社团活动及一些社会实践活动，丰富思想政治课程的教学载体，从多向维度体验，不断增强思想政治教育的学习趣味。

2. 强化思想政治教育的实效性

体验式教学多以情境、角色、探究、实践等体验形式展开，强调对思想政治教育理论知识的应用。如寒暑假学校组织的社会调查等，通过亲身实践调动学生参与教学活动的积极性，以活动引导学生将所学运用于实践，提高学生的语言表达及应变能力。在课堂体验教学项目的情境设定中，开展马克思主义基本原理的综合分析和解决问题能力的培养。思想政治教育对学生的思想观念影响深远，体验式教学以其主体性、实践性、动态性等特征，让思想政治教育富有生机，成为思想政治教学提高其实效性的有效教学形式，丰富学生的体验，强化教学目标，推动思想政治教育创新。

3. 促进学生情感行为的协调性

体验式教学是一种强调"人在情境中"的方法。教师通过情境设计，烘托课堂气氛，关注个体的主体价值，使学生身临其境地体会教学内容，从情感上发自内心地认同思想政治教育倡导的价值观和思想政治规范，触动学生的情感之弦。教师与学生协作，从而让学生在体验中进行自我思考，增进自我认识，培养情感素养，强化情感体验。在结合实践的基础上，通过亲身体验，抽象的理论知识就较容易被学生理解并掌握；注重训练学生的思维能力，学生主动获取价值体验，形成积极正确的价值观。在价值体验中将道德理论知识内化为道德品质，落实到生活中，不断强化学生的正确行为，实现其情感与行为的协调发展。

（四）精心创设思想政治教育的体验情境

体验式教学不是主体独立的体验，而是主体之间通过他们相互关系的建构来达成一种体验，是教师和学生共同营造的，因此需要精心设计思想政治教育体验情境，在体验中，教师与学生达到沟通与默契的状态，最终在共识中获取价值体验。

思想政治教育体验情境的设计应当依据高校人才培养模式和受教育者个体的特点，以各类项目为载体，以明确的教学目标为驱动，采取模块化与专题化相结合的教学模式。教师有目的地创设生动的教学场景，将思政教育打造成注重价值体验并外化为实际行动的教育。

思想政治教育体验情境的设计应当基于现实生活中的问题，以"问题驱动"为线索，将体验活动融入思想政治教育知识点去寻找生活素材，促使教学目标更加明确、步骤更加详细，促使教学效果提升。

1. 时政讲堂体验教学模式

时政讲堂是学生了解国内外当下时事政治的重要平台。通过这个平台，教育者结合思想政治教育教学内容将时政引入课堂，通过时政分析、时政评论、时政讲评等多种形式展开教学，让学生在思想碰撞的过程中进行价值体验。时政讲堂可以促使学生主动关注国家大事，积极思考社会热点问题与社会发展变化，促进思政课堂主体之间积极的互动，通过他们相互关系的建构来达成一种体验。

开展思想政治教育活动想要获得良好的效果，要直面问题讲，更要贴着人心讲。例如，当前的新冠肺炎疫情事件是每一位学生都在关注的事件，思想政治教育工作者需要深入挖掘疫情事件里蕴含的丰富的思想政治教育育人素材，把握时机，紧随热点问题与现实问题，捕捉到学生最关注的事件开展有意义的思想政治教育工作。

2. 公共参与体验教学模式

体验式教学理念融入思想政治教育中，重点是构建学生的价值体验。思想政治教育实质上是一种价值教育，它的独到性就在于它不是一种简单的知识学习的、外部的、生活化的、场景化的体验，而是一种价值体验。

公共参与体验教学模式为进一步强化思想政治教育价值体验提供了可能性，从知识灌输到价值引领，从书本知识到亲身体验，从间接了解到公共参与。例如，在"遵守社会公德，维护公共秩序"教学中，教师可以根据教学目标和主题设计体验方案，带领学生走进学校餐厅，协助工作人员维护餐厅秩序，在实际参与和体验中感受社会公德的重要性；参加全国、当地市、当地区模拟政协活动，在思想政治教育工作者的指导下，学生会了解到社会生活中的真实提案，如预防外来务工子女犯罪的提案、新时代充分发挥爱国主义教育基地的提案、加强新时代高中生劳动教育的提案；通过与社会生活的接轨，体验制度是如何在社会生活的方方面面发挥作用的，由此进一步感受国家制度的优势，从而坚定制度自信。

3. 辩论体验教学模式

有理有据的辩论要比单调的知识灌输更让学生欢迎，教师可以根据思想政治教育的典型问题或者社会当下热点问题预先设计好双方辩题，引导学生选择自己认为合理的观点进行辩论和研讨，在辩论前准备材料时，教师要引导学生合理运用马克思主义的立场、观点和方法去分析辩题，学生会经过思考、辩论、交流、再思考这样的体验过程对辩题有一个更深入的理解和探索，通过辩论的体验过程，让学生在辩论与互动研讨中潜移默化地将价值体验植入内心，有所感悟。最后，教师合理的评价与正确的引导至关重要，会对学生的价值体验有导向性的作用。

4. 主题视频观赏体验教学模式

思想政治教育的部分内容来源于历史，留存下来的视频或者根据史实拍摄的视频有助于还原场景，可以调动学生的听觉和视觉功能，增强教学的形象性和感染力，学生在听觉、视觉的冲击下仿佛身临其境，增进理解。例如，在"追求远大理想，坚定崇高信念"的教学中，《建国大业》《建党伟业》等影片会让学生走进历史，走进真事、真情、真景，在视觉冲击下引起震撼，在参与体验中了解史实，认真分析思考，从而坚定中国特色社会主义建设事业的理想信念。在特殊时期的主题视频，当结合了真实案例的感人要素后，其迸发出的力量是不可计量的。2020年春节前后，由于新冠肺炎疫情的特殊情况，一场场全国疫情防控网络思政大课出现在人们的视野中，为焦虑、困惑的学子们送来了精神补给。在疫情当下，在我们尽力配合防控工作的同时，有一群人正勇敢地为我们的国家做出贡献。在这样真实的现实问题中，一堂触动人心的思政课需要跟随社会现实开展思想政治教育活动，如拍摄"疫情中的家国情怀"微视频等活动，充分挖掘肺炎疫情阻击战中丰富的思想政治教育育人素材，通过"云端"输送进学生心底。

（五）体验式教学融入思想政治教育的不足

1. 对体验式教学认识不全面

教师存在对体验式教学的运用不到位的问题，主要体现在以下两个方面。一是认识偏差，教师在实际的应用中，偏重体验的形式，缺乏实践后的反思总结，未意识到交流与反思是将价值体验植入内心的重要环节，仍囿于传统的"灌输式"教育，只重视学生的"记住"而忽略了学生的"应用"，教学实效难以达成。二是过于强调个体的情感体验，教师将体验作为一种教学方式，却忽略了不同学生的个体实践情况，将体验活动与教学目的割裂，并未从系统的教学设计出发进行整体把握。教师对体验式教学的片面认识严重阻碍了学生对思政理论的正确理解和认同。

2. 思政教育队伍建设不完善

体验式教学作为综合性教育手段，对教师从理论的理解、知识的运用及教学实践设计等多方面都提出较高的要求，不局限于自己会，还要从学生视角去研究教学方法。而当前教师在教学内容及课程建设等方面面临着繁重的教学任务压力，体验式教学的应用，也增大了教师个人的教学难度。

3. 学生参与体验引导不及时

在高校思想政治教育中，教师的教学多以理论教学为过程，以试卷考试为结果，难以发挥思想政治教育的实效。参与式教学的应用对教学成效有一定改善，但教师对学生的参与未进行有效引导，体验教学活动较难开展。当前学生体验设计的实用性及针对性较差，在实践活动中教师对学生产生的负面观念等引导不及时，这些都将严重影响学生正确价值观及道德行为的形成。教师引导不及时，学生对于自身的感受、体验将不能进行思考，如此就难以激发学生的获得感及创新能力，无法让其体验到学习的乐趣，获取解决实际问题的能力，进而导致思政育人的效果不佳。

（六）体验式教学融入思想政治教育的优化策略

1. 完善体验式教学模式

第一，紧扣教学内容及目标，创新工作思路进行体验活动情境设置，采用多元教学方式提升学生的学习兴趣，让学生在体验中更好地掌握思政课的学习内容。结合教学目的，适当地引导学生参与其中，使其更好地学习。第二，体验学习，在体验中教师扮演"主导"角色，学生则为体验"主体"，坚持"以人为本"的教育原则，教师通过不同的体验形式，把握学生的特征和需求，为学生提供体验机会。第三，以体验活动的趣味性激发学生的学习动力，强化学生的参与感。在学生融入体验教学活动实践中，教师要引导学生进行反思，加强体验深度，通过学生自身体验强化所学，让其在潜移默化中重构自我的知识体系。第四，出境应用，让学生将所体验的内化成果融入生活，实现学以致用，从而提升体验式教学的育人质量。

2. 建设思想政治教育队伍

体验式教学强调学生的主体性，在思想政治教育的实施过程中，依据学习主体设计课程整体结构，要求教师不仅具有雄厚的专业理论知识，同时还要有与时俱进、不断学习新教学模式及实践思考的能力，才能在教学过程中形成自己的体验式教学风格。为此，要进一步加强高校教师体验式教学的专题学习，同时可依据思想政治教育特征，开展团队内部的研讨会，按照期待的学习成果进行课程结构搭建，设计更有针对性的学习活动，保持学生对课程的新鲜感及参与感，在体验下的学习，能够让学生更好地吸收和记忆所学知识，不断提升教师体验式教学的专业运用能力。

3. 引导学生积极参与体验

一是教师直观地将思想政治教育理论知识融入课堂参与体验活动，引导学生将学习的理论知识与现实生活进行联系，增强学生的体验获得感。二是鼓励学生参与学校社团及校外实习等，扩大体验参与途径及覆盖范围。以现实情境进行理论知识的学习检验，引导学生分享和交流思想政治教育体验活动的心得，提升学生的体验感，调动其主动参与的积极性，不断提高其自我体验学习能力。三是加强组织和指导，以寒暑假高校社会实践等为平台，设计有针对性的活动，严格对实践过程实行思想政治教育管理，以实际教学情境，让学生将理论用于实践，以更好地达成教学目标。

在引导学生参与的同时，教师还需及时对学生的思想与行为进行引导纠正，这样既能优化传统教学中输入的不足，又能弥补课程教学实践运用的缺失。体验式教研需要教师不断地总结与反思，从不同的教学情境之中提炼有效的方法，助推学生获得同步发展。

三、榜样式教学在思想政治教育中的应用研究

（一）榜样式教学方法运用的相关理论

1. 榜样的定义

近年来，学榜样、做榜样成为新一代青年学生塑造思想品德的重要方式。榜样示范法在思想政治教育中如何正确有效地应用也成为各位学者专家一直探讨的问题。"榜样"是对人的发展有所启发并具有一定教育意义的人及其人生事迹，从各种榜样事迹中升华出全社会公认的一般的精神内涵。榜样的评判标准可以是道德层面也可以是人物精神或才华能力等相关层面。因此，"榜样"是凝结了特定社会或群体的较高道德境界的优良品质或者优秀才能的符合社会道德标准的事迹或者人物，也可以理解为一种利他主义和自我牺牲精神的集中体现。"榜样"的树立会使榜样示范法更好地运用在思想政治教育中，也使榜样示范教育在现实生活中更具有实效性。

2. 榜样式教学方法的含义

榜样教育，就是用值得大众学习的为社会为公众提供正能量的人物或事迹教

育和引导大众。作为一种直接的教育方法，榜样教育在古今中外的教育实践中都得到了广泛的应用。洛克在形容榜样教育的时候曾经说过，它应该是最容易实施也是最有效的教育方法。对于榜样教育概念，目前国内学术界观点不一、看法不同，但大体可以分类成两个方向。其一是认为榜样教育是一种教育手段和方法，教育者根据受教育者的心理和知识选择榜样教育方法来引导受教育者，帮助受教育者形成良好的行为习惯和思想道德修养。其二是认为榜样教育是一种教育活动，通过在校园里或者社会上树立正能量的榜样形象，启发个体模仿和学习，以此帮助个体形成符合社会准则的思想意识和行为习惯。

综上，榜样教育就是教育者依据受教育者的心理和思想有选择和目的的启发、引导受教育者，从而启发个体效仿正面积极形象的教育过程。而榜样示范法也成为思想政治教育的新型教学方法之一。

3. 榜样示范法的特征

（1）感染性。学生践行榜样精神需要榜样人物的品质或者事迹具有一定的感染力，感染性的特征是拉近学生与榜样之间距离的纽带。榜样示范法的理论不能靠强制灌输传递给学生，相反通过强大的感染力使学生主动学习榜样从而更容易在实际生活中践行榜样示范教育。感染性的特点可以使学生主动靠近榜样、学榜样、做榜样，调动学生自身的积极性和主动性，更能够使学生容易接受榜样示范教育的思想。通过与学生在思想情感上达到一定程度的共鸣，榜样示范教育的感染性才会发挥得更好，才会使学生践行榜样的力量更加得持久。

（2）时代性。榜样示范法的理论是与时俱进的。随着时代的发展榜样示范教育也会赋予新的时代内涵，时代性的特征也是保证榜样示范教育的理论思想永远不会过时。随着互联网的快速发展，学生接受信息呈现出快而杂的特点，而榜样的树立和宣传与时代性相结合，能够进一步博得学生的眼球，使学生有兴趣去了解榜样的事迹，进行一定程度的自我教育。经济基础决定上层建筑，当今社会的时代思想是基于一定生产力发展而不断发展变化的，时代性是榜样示范方法最突出的特征，也是榜样示范教育拥有强大生命力和持久有效性的保证，能够使学生思想教育更具有针对性和指向性。

（3）引导性。榜样示范教育的运用就是体现在其引导性上，通过引导学生树立贴合自己实际生活的榜样，进而学榜样、做榜样，使榜样的精神不再是泛泛而谈，使榜样的行为事迹成为人人可以践行的简单小事。引导学生践行榜样力量的同时也在指导着学生思想，使学生减少功利、浮躁、攀比等不利于学生自身成长的不正确的思想。学生的思想还处于建立整合的过程中，在成长的过程中会出现迷茫、彷徨的心理状态，需要一个引导性的指向标开辟出适合自身的人生道路。因此，榜样示范法的引导性是运用于学生思想政治教育中的最重要的特征。

（二）榜样教学法在思想政治教育中应用的问题分析

1. 选取的榜样缺乏时代性和现实需求性

选取的榜样应贴近学生的真实生活，尽可能符合学生的现实需要，能体现时代性。书本中的名人事迹过于高大上、过于美好，容易让学生产生审美疲劳或可望而不可即的感觉，无法让学生在心理和情感方面产生共鸣，更谈不上仿效和践行。学校选取的榜样应与创新型、技术型要求相结合，如果脱离了时代特征，其影响力和感染力必然降低。当前，榜样的选择过程缺乏互动性，满足不了学生的现实需求。例如，大多数高校选拔"优秀学生""优秀团干"等的流程是先个人申报，然后院系推荐、学院汇总，最后表彰颁奖，其间，学生参与度不高，自然对选取的榜样有距离感，过后就忘。

2. 榜样宣传缺乏深度和广度

一是宣传方式单一。虽然现在的高校都有自己的官方网站、微博和微信公众号，但榜样的宣传推广仍以说教等传统方式为主，缺乏号召力和感染力。二是宣传内容影响力不强。在榜样事迹的宣传方面，大多注重成绩和荣誉，忽略过程和付出，内容没有影响力，无法深入人心，难以产生共鸣。有些学校为了更好地美化榜样而对其进行过度"包装"，结果适得其反。三是宣传周期过短。一种教育方式要让学生实现从内化到外化的转变，不可能一蹴而就，而需要一定的周期。现在高校的榜样宣传大多采用"快餐"方式，主要是通过活动或报告会、讲座等形式展现榜样人物的先进事迹，活动过后没有反馈和行动，受教育者听过即忘，而且有些活动的大多数时间用于拍照或拍视频，以提交照片和稿件为目的，形式大于内容，学生没有感悟，没有思考，榜样学习纯粹是走过场。

3. 相关机制不完善

目前，多数高校在榜样的选取、宣传等方面除精神激励外，没有其他激励机制，也没有切实可行的监督办法和保障条件，不利于激发学生向榜样学习。另外，一些学生在成为榜样后，随着荣誉和物质奖励的到来，思想和认识会发生变化。如果缺乏有效的监督机制，一些学生会渐渐迷失自己，最终失去榜样本色。

（三）榜样教学法在思想政治教育中应用的对策探究

1. 加强榜样示范教育的宣传力度

（1）开展多样的宣传活动。切实加强榜样模范人物的示范力度离不开多元化的宣传活动，通过多样化的活动使榜样教育在学生思想中日益加深，并进一步渗透在现实生活中，成为学生生活习惯中不可磨灭的一部分。学校可以成立"阅览室"一角，主要是通过阅读或观看视频的方式增加榜样教育的理论知识，使同学们在当下的氛围中一起讨论分享自己的看法和观点，激发大学生对榜样示范教育的深刻理解。

（2）强化宣传频率和质量。榜样示范教育工作是一个持久而复杂的过程，它要慢慢地通过不断地输出教育思想使学生从心里认同它的重要意义并愿意做出相应的改变。只有通过不断地强化宣传频率使学生深刻记住榜样，教育的意义才会真正落实到现实生活中。做思想工作本就不是一蹴而就的过程，需要日复一日的耐心教育，才会显示最佳效果。通过加深宣传频率，使宣传效果日益提升，让学生在思想上时刻地监督自己，宣传效果自然而然日渐佳境。但同时我们也要看到，不能一味地搞宣传频率而全然不顾质量，在提升速度的同时也要重点关注质的飞跃，保证宣传质量。

2. 学习优秀榜样精神

例如，学习抗疫人员的奉献精神。新型冠状病毒肺炎引发的疫情暴发以来，有一群人默默地签下生死状，立下诺言，奔赴最前线，扛起保家卫国的职责。这群特殊人员就是抗疫人员，他们中有医生、护士、警察，还有无名的善良的人民群众。这些抗议人员中里包括90后和00后的大学生，他们无私勇敢的品质是值得去学习和借鉴的，要引导青年学生向朋辈榜样看齐，努力让自己也成为别人眼中的榜样。00后护士一天坚持长达十几个小时，同时护理十几个病人，整天闷在防护服里，在工作量超负荷、精神状态欠佳的情况下都能坚守自己的岗位日复一日，这种榜样的力量、榜样的精神不仅值得敬佩，更值得我们学习。在特殊时期通过特殊的榜样示范教育，能够更好地培养学生形成正确的人生观、价值观、世界观，使其更加深刻地体会到"天下兴亡，匹夫有责"的涵义。

3. 提升榜样模范的亲切性

（1）树立多样的班级榜样形象，塑造榜样精神。榜样示范教育要想在思想政治教育中被重视起来，必须先在班级树立多种多样的榜样形象，班级可以评选"学习榜样""劳动模范榜样""助学助教榜样"等各种榜样人物，当然这些榜样形象是通过班里公选出来，并给予奖励，使同学们争相看齐、模仿和学习，拉近与榜样学生的距离。在班级里树立榜样形象有利于大学生之间形成互动，朋辈之间的学习、影响能够使某种思想传播得更快、在思想深处印象更深，更有利于大学生对榜样教育从思想上积极内化并外化为具体的实践行为，塑造榜样示范精神。

（2）浸润榜样示范教育文化理念，形成学术氛围。大学进行系统科学的榜样示范教育有利于榜样示范法的理念在大学生思想中生根发芽，结合榜样模范人物的感人事迹对应榜样教育理论和我国社会主义核心价值观内容,给榜样示范教育注入时代的灵魂,与时代时政融为一体,这也有利于形成促进榜样精神的前进与发展。学校可以邀请优秀的学长学姐回母校开座谈会,主要对大学生进行积极正能量的引导,使大学生从优秀的学长学姐身上学习如何促进自己学业或者事业上的成功,给予大学生一些建议。优秀的学长学姐回母校开座谈会本质上是通过在大学生心中树立榜样,浸润榜样教育,使同学们向优秀的学长学姐看齐,走出属于自己最特别的路,在大学生之间形成良好的学术氛围。大学生也能够在浓厚的学术氛围下学习系统的理论知识,并通过自己的加工改造形成自己独特的榜样精神理念从而付诸实践,形成良性循环。

4. 定期组织榜样教育活动

重视开展以榜样示范教育为主题的社会实践活动,如某个城市举办关于榜样模范人物的展览会,设计采用影片、雕塑、绘画之类的形式来描述时代模范人物或者是伟人事迹。城市举办榜样教育的展览会有利于人们通过展览的方式从中接受榜样教育的气息,通过展览,人们可以在周末休息之余接受道德教育的熏陶,打造独一无二的城市榜样文化,也使大学生更加有渠道参加榜样教育的实践活动,使榜样示范教育在大学生思想观念中深入人心。还可以在每个社区开展"榜样教育日活动",也就是规定某个时间段进行小区的榜样教育研讨交流活动,这样通过每个家庭的影响波及每个大学生,使榜样示范教育落实到真真切切的实际生活中。

第五章 新时期思想政治教育的实践探究

本章重点分析新时期思想政治教育的实践探究，主要包括三部分内容，分别为中华优秀传统文化与思想政治教育相融合、信息技术在思想政治教育中的应用和"互联网＋思想政治教育"的实践探索。

第一节 中华优秀传统文化与思想政治教育相融合

中华优秀传统文化源广流长，博大精深。我们的祖先有着重视思想教育的传统，因而优秀传统文化中亦蕴藏着深邃的思想教育财富，具有强大的思想教育功能。中华优秀传统文化显著的价值取向，诸如崇仁义、明教化的人生本位，重家庭、尊宗法的群体本位，崇道德、重礼仪的道德本位等，对思想政治教育而言，无疑有着十分重要的功能。

探寻优秀传统文化的思想政治教育功能不仅是历史赋予的重任，更是时代的诉求。立足新时期，我们应将中华优秀传统文化与思想政治教育相融合，真正实现其强大的思想政治教育功能。

一、中华优秀传统文化融入思想政治教育的基本问题

（一）中华优秀传统文化的概述

1. 中华优秀传统文化的含义

毫无疑问，我们对"中华优秀传统文化"这个词汇十分熟悉，但许多人对这个词汇的具体概念仍存在模糊性的认识。要想真正了解这一词汇的多层次概念，就要先理解和把握"中华传统文化"的含义。

"中华传统文化"中"中华"指代中华民族，与"外国"相对，"传统"具有传承之意，与"现代"相对。"中华传统文化"是植根在中国大地上的中华民族经过岁月积淀下来的，体现民族精神与民族特色的民族文化，并为中华民族代代相承的活着的文化。

中华传统文化从客观形式上看，包括琴棋书画、传统节日、风俗习惯、古建

筑等体现精神文化的表达方式。从思想内容上看，以儒家思想为主，吸收融合了道家、法家、佛家等百家学说与外来文化，从而形成具有历史特点的文化体系。但要特别注意的是，中华传统文化在形成过程中受时代背景的局限，在形成精华的同时也会有不符合社会进步要求的糟粕，这就需要对其进行创造性转化与创新性发展，发掘其精华部分为实现中华民族伟大复兴所用。

"中华传统文化"加上"优秀"二字，就规定了其性质。中华优秀传统文化属于中华传统文化，是对社会发展进步有积极作用的文化，代表传统文化的核心价值。中华优秀传统文化随着时间的推移，仍然被社会普遍认可，不仅能推动本民族的快速发展，而且能推动整个人类社会的历史演进。

优秀传统文化是指中华传统文化中最精华的部分，包括中华民族在连续性的劳动实践中所创造的抽象化或经验化的、一切有益于时代发展的物质的、制度的、精神的产物的总和。具体表述，则是指以儒释道三家为主流，在理论层面助力马克思主义中国化的优秀传统文化，在价值层面促进社会全方位价值建构的优秀传统文化，在实践层面提高国家治国理政效能的优秀传统文化。比如"自强不息"的民族精神，"以民为本"的为政主张，"天下大同"的社会思想等等。

2. 中华优秀传统文化的特征

优秀传统文化经过历史的洗礼，内涵更加丰富，特征更为显著。其主要特征有崇德尚贤的伦理性、经世致用的务实性、开放兼收的包容性和自我突破的革新性。

（1）崇德尚贤的伦理性

中华文化自古就注重以伦理道德为核心价值取向，重视社会伦理道德的构建，注重个人伦理道德规范的养成。儒家思想作为中华传统文化的核心，在人们日常生活中以仁、义、礼、信、孝等思想作为修德的具体要求和标准，其显著特征是把以德育人放在突出位置，强调了德育在人们接受教育过程中的重要地位。孔子提出的"行有余力，则以学文"，可看出他重视人的道德修养，将修德的要求放在第一位，强调修德对人自身发展的重要性。儒家学者不断继承和发展孔子的德育思想，并将道德教育提升到治理国家、治理社会层面，强调道德教育对治理国家的重要作用，促使这种道德教育思想逐步理论化、系统化、完善化，推动中华民族向前发展。

中华优秀传统文化继承了传统文化中的积极因子，在对人的教化中强调注重道德教育与德行培养，重视完善道德品质，提高精神境界，实现人生价值等。我国建立社会主义核心价值体系，以中华民族传统美德为核心，重视个人、社会、国家三者之间的关系，聚焦解决实际和民生问题，具有浓厚的人学伦理色彩。

（2）经世致用的务实性

中华传统文化是从农业文明中孕育和发展起来的，是名副其实的农业文化。数千年来，中国经济的核心一直是农业，农业在国民经济中始终占据主导地位，成长、生存在农业文明中的中国人，祖祖辈辈，一年又一年、一日又一日的从事着简单的农业生产。这种简单重复的生产方式使中国人养成了重视农业、注重实际、看重实效的务实精神。

传统文化显著的务实精神使得入世思想成为主流思想，这一思想始终在中国人的思想中占据着主导地位，避免了国人陷入宗教狂热，因此，中国历史上从未有某种宗教成为国教的现象，不论本土宗教，还是外来宗教。传统文化的务实思想还表现为，做学问要有利于国家生计和人民生活，如修史是为了鉴古观今、以史为鉴，写文章提倡"以文载道"，作词写诗主张用诗歌抒发自己的志向，绘画、音乐、舞蹈等同样如此，除了表达自我情感，更重要的是对世人的规劝、教化作用。这种务实性特征，使中国古代科学成为实用性科学。

在这种实用性观点的指导下，古代科技取得了长足进步，"四大发明"即我国实用技术高度发达的体现，此外，医药、数学、人文地理、农学水利等，大多也是和国家生计、人民生活密切相关的。我国实用科学成就高，解决问题能力强，曾遥遥领先各国，各国科学家对此都叹为观止，可以说，正是这种务实的思想，为传统文化的发展和繁荣奠定了坚实的基础。

（3）开放兼收的包容性

"海纳百川，有容乃大"，优秀传统文化是一个开放的系统而非封闭的体系。这种特性使其能充分有效的采撷、吸收外来文化，使不同地域、不同民族间的文化相互贯通、彼此交融、进一步充实了优秀传统文化的内容。优秀传统文化的包容性体现如下：首先，优秀传统文化的包容性体现为不同民族和不同地域之间的文化融合。除了黄河流域的文化即中原文化，中国境内还存在众多其他区域的文化，如西域文化、巴蜀文化、吴越文化、楚文化等。早在秦朝一统天下之前，不同民族、不同地域间的文化就存在着密切交流，各民族间的文化在交流过程中相互借鉴，取长补短。北方游牧民族在学习汉族农耕技术的过程中，也把他们的畜牧业技术带到了中原。经过长时间的交往与生活，不同民族间的语言差异日益减弱并逐渐消失，汉语理所当然地成为通用语言，少数民族文化被汉化、中国化，各民族文化共同融汇在中华文化的血脉当中，共同丰富了中华传统文化的内涵。

其次，优秀传统文化的包容性体现在对境外不同文化的吸收与消化。秦汉以来，大部分时间，中国都是统一的，各民族文化也逐渐融为一体，中华文化不但囊括了诸子百家学说和不同地区汉族文化的精华，也吸纳了周边民族和外国的优秀文明。例如,两汉之际,佛教传入中国后,中国的本土文化,如儒家文化、道教文化等,积极吸收佛教文化的长处来为自己增添新的内容,汲取新的营养步入更高层次的发展。

数千年来,优秀传统文化正是基于自身的包容性特征,才未被外来文化所瓦解毁坏,始终坚持自己的传统,同时,在吸纳消化外来文化的基础上,增添自身活力,丰富自我内涵,不断发展自己,以独有的魅力和坚毅的面貌赫然屹立于世界东方。

（4）自我突破的革新性

中华传统文化在人类历史上经历千年坎坷起伏始终未曾断绝而延续至今,展现了中华文化强劲的生命力和自我革新的能力。中华优秀传统文化在社会变化和发展中,通过主动吸收时代优秀元素,丰富提升自身内容,不断实现自我更新、自我完善,以适应时代和社会发展的需要。从古代文明的探究阶段,到当代文化的实践过程,中华优秀传统文化随着历史更替逐步革新和发展,是其更新、进步、焕发新生的过程。仅从先秦时期而谈,从周代的文化维新,到孔子对周代礼制的重新阐述;以及从孟子对孔子思想进一步传承与发展,到荀子对先秦百家争鸣思想的归纳与融合,是中华传统文化在历史更迭中通过主动吸收消化,实现自身文化革新。中华优秀传统文化发展是一个不断变革与转化的过程,其所具有的强烈自我革新精神,正是创新发展我国思想政治教育工作的强大动力。

3. 中华优秀传统文化的时代价值

每一代人现在进行的文化创造活动都是在前人的肩膀上远眺,踏着前人足迹的前行。在历史演进的时空中,中华优秀传统文化不断赓续过去的精神谱系,在当下淬炼促进发展繁荣的精神血脉和基因;同时也蕴含和昭示着未来的走向。

由此可见,传统为现代奠基,现代为传统引航。贯通于传统和现代之间的中华文化是连接时间的纽带和延续历史的动力,而不是分割古今、不可逾越的思想鸿沟。传统文化与现代化进程的关系并非相互决然排斥和对立的,而是辩证的、在相互渗透中转化、更新与变革。一方面,我们应通过中华优秀传统文化的宏大历史叙述,深刻理解现代,把握民族文化由传统到现代变迁中隐含的深层精神联动,在追本溯源中强根固魂;另一方面,我们也应立足现代反观中华优秀传统文化,厘清其发展延续的坐标系和路线图,在新时代充分展现和发挥中华优秀传统文化所具有的穿透历史的内在价值。

（1）民族的文化基因与精神血脉

中华优秀传统文化在历史锤炼中继承发展而来,是博大而深厚的思想文化体系,是中华民族集体智慧的结晶,是安身立命的精神基础、永续繁衍的文化血脉,更是中华民族绵延不绝的"根"和"魂"。据考证,我国夏朝于公元前2070年建立,有文字可考的历史始于公元前1600年商朝的建立。中华民族在漫长的历史发展过程中也曾出现过无数次的内忧外患,政权更迭,水火战乱,正是依靠优秀传统文化塑造了坚韧不拔,自强不息的民族精神,使她获得生生不息的强大生命力。

从历史上看,中华优秀传统文化,是中华民族生生不息的文化基因和精神家园,培育了共同坚守的民族精神和理想信念;而从时代角度出发,是当今全球化时代,保持民族精神独立性、提升民族与国家认同感,进而形成道路自信、理论自信、制度自信的历史依据与深层基石,是坚定青年一代文化自信的重要基质,为实现中华民族伟大复兴的中国梦、推进现代化建设提供了源源不断的精神力量。

（2）熔铸和培育时代精神的沃土

中国特色社会主义现代化的过程,也是文化现代化、人的现代化的过程。加强对中华优秀传统文化的研究与阐释、传承与创新,是建设社会主义文化强国的重大战略任务,对于更好地传承中华文脉、全面提升人民文化素养、培育担当民族复兴大任的时代新人、维护国家文化安全、增强国家文化软实力等诸多方面都具有深远影响和重要意义。

正是由于中华优秀传统文化在其自身传承中形成了中华民族独特的向心力、凝聚力,才在历史演进中逐步融通、熔铸成了民族精神。这一中华民族强大的精神原动力,在向着富起来的奋斗目标挺进中,不断与开放的时代特征结合,形成了以改革创新为核心的时代精神;在新时代新征程进行新的伟大社会革命中,形成了伟大的奋斗精神、创新精神、团结精神、梦想精神。质言之,当今时代,中华优秀传统文化,依然是维系中华民族不畏艰险、矢志不渝、团结奋进的精神纽带,是实现中华民族伟大复兴中国梦的精神力量之源。因此,在当今时代,传承与发展中华优秀传统文化,不仅有助于保持对历史的敬畏、对民族精神的尊重,还有益于充分运用其深厚的文化血脉与土壤,滋养时代精神,以文化人、以文育人,培树新时代青年,延续民族共同的理想信念,思想观念与价值追求。

（3）推动世界和平发展的中国智慧

中华民族历来爱好和平,中华优秀传统文化蕴含着丰富的和平思想,是中华民族精神的重要内涵。"礼仪之邦""协和万邦""德莫大于和"等观念,深深地扎根于中华民族的文化传统之中。"亲仁邻善""讲信修睦"等,充分表现了中华民族在处理民族问题上的宽广胸襟。古代丝绸之路、郑和七下西洋、玄奘印度取经、鉴真东渡扶桑……这些史实都是中华民族与其他国家和民族和平共处、文化交流、发展友好关系的历史见证。

当今世界,和平与发展是时代主题,但是国际上的矛盾摩擦依旧从未间断,综合国力的竞争无处不在。这就使文化在国力竞争中的地位和作用更加凸显,越来越成为民族凝聚力和创造力的重要源泉。在当今世界大发展、大变革、大调整过程中，多样化的思想文化交流、交融、交锋更加频繁，国内经济社会转轨转型也迎来深刻变革的关键时期，思想与价值观念日益活跃。这些复杂变化借助迅猛发展的现代传播技术广泛传播，在全世界范围内构成了和平发展的严峻挑战，同时文化交流、思想与价值的互动也带来文化传播与借鉴的机遇。中华优秀传统文化在这一背景下，彰显出了特有的魅力与重要价值。

除此之外，从全人类发展的角度看，中华优秀传统文化还对于促进世界和平、友好、发展，减少和化解生态危机、不同文明间、国与国之间的矛盾冲突，发挥着都有越来越重要的参考、借鉴价值。

纵观中华优秀传统文化，结合今天社会主义的理论成果，我们更应具备中华民族文化自信，把跨越时空、超越国度、富有永恒魅力的中华优秀传统文化，从过去引向未来，分享属于中国，也属于世界的人类智慧之光。从育人育才的角度看，深刻认识中华优秀传统文化的世界意义，对于坚定青年学生的文化自信，形成宏大的历史视野、宽广的世界胸怀具有重要作用。

（二）中华优秀传统文化与思想政治教育的关系

我国优秀传统文化源远流长，它是整个中华民族的精神食粮。当前我们所开展的思想政治教育的内容，与中华优秀传统文化所蕴含的丰富的育人内容有着高度的契合之处。中华优秀传统文化是思想政治教育内容的重要来源之一，离开了中华优秀传统文化，思想政治教育就成了无木之本和无源之水。我国思想政治教育的目的就是促进人的全面发展，就要重视人的道德素质的培养。而中华传统文化是一种崇德型文化，其所蕴含的深厚的德育资源对新时期思想政治教育的目标、原则、内容与方法都提供了良好的借鉴。

1. 内容上的相通关系

思想政治教育与中华优秀传统文化之间的内容具有相通性。优秀的传统文化中蕴含着丰富的思想政治教育资源，这些资源可以对思想政治教育的内容进行很好的补充，而且通过发掘和整理，可以使思想政治教育的理论和方法上，更加彰显文化底蕴，具有中国特色。

将中华优秀传统文化中所承载的大量的育人资源充分融入思想政治教育当中，使其在潜移默化中影响人们的思想观念与行为规范，将传统文化所具有的教化作用充分发挥。二者内容的相通性主要体现在以下五个方面。

第一，"天下兴亡，匹夫有责"的爱国精神。中华优秀传统文化中爱国精神和家国情怀的思想观念与思想政治教育工作中的爱国主义教育高度契合。中华优秀传统文化强调"以天下为己任"的社会责任感与义务。传统中国是一个按照宗法制度建立起来的国家，在这种社会组织结构下，所形成的价值观念即国既是家，家就是国，家国利益一致。经过几千年的历史的沉淀，这种思想已深入到中华民族的血液当中。古往今来，有无数仁人志士为了家国情怀呕心沥血，甚至慷慨赴难，留下无数令人沸腾的爱国诗句和史实。有林则徐因虎门销烟被贬，被迫与家人分离时所作"苟利国家生死以，岂因祸福避趋之"；有文天祥宁死不屈，慷慨就义时所作《正气歌》中"人生自古谁无死，留取丹心照汗青"；有屈原被放逐，发愤以抒情所作《离骚》中"长太息以掩涕兮，哀民生之多艰"，有岳飞的精忠报国，戚继光抵御倭寇等等。这种爱国主义精神，激发了广大中华民族儿女为祖国的独立、统一、进步、繁荣而英勇斗争。在不同的历史时期，无数仁人志士都在不同的岗位上战斗，为实现中华民族的伟大复兴而贡献自己的一分力量。作为思想政治教育中极为重要的教育内容的爱国主义精神，它将祖国与民族的命运与前途放在首位，并深深扎根于民族之魂中，也因此被一代一代中华儿女传承至今。

爱国主义教育和家国情怀的培养是思想政治教育工作的永恒课题，因此，在进行理想信念教育的同时，可以引入中华优秀传统文化中蕴含的爱国主义精神，构筑人们的家国情怀，以及对祖国的高度认同感、责任感和归属感，凝聚人心、鼓舞士气，振奋精神。

第二，"刚健有为，自强不息"的进取精神。在《周转大易》提到"天行健，君子以自强不息。"这个精神集中反映了中华民族朝气蓬勃、顽强奋斗的生命力，表现了中华民族百折不挠的开拓精神，不断进取的奋斗精神。在历史的长河当中，中华民族历经磨难，历经了朝代更替、完成了反帝反封建、救亡图存的历史任务，正是因为这种不屈不挠，自强不息的精神激励着中华儿女不断胜利，不断进步。在我们奋力实现中华民族伟大复兴中国梦的道路当中，更需要这种进取精神。自强不息的精神是推动中华民族发展壮大的重要精神力量。我们进行思想政治教育就是要引导人们在学习过程中形成积极进取的人生态度，勇于面对生活中的各种挫折。

第三，"以和为贵，和而不同"的和谐精神。"和谐"思想是贯穿于五千年中华民族的文化精髓与灵魂，它是中华文明的重要精神标识之一。中华文化是"和"文化，中国一贯提倡"以和为贵"的精神，这一精神孕育了中华民族博大的胸怀和豁达开朗的性格。"和而不同"的思想应该是人与人、人与社会、国与国之间的处事原则。中华传统文化是多民族文化，它是经过不同文化价值观念之间的相互碰撞下形成的，这也是和而不同的鲜明表现。在当今世界，各国之间的联系日益紧密，文化多元化的冲击使得广大青年学生容易迷失自我，要基于这种"和而不同"的思想去应对文化全球化的挑战。如何引导人们在接受各种价值观念的同时保持本心，引导人们形成正确的价值观是新时期思想政治教育需要解决的重大问题。

第四，"天人合一，道法自然"的自然观。在中华传统文化中，所提到的重要思想"天人合一"，即认为自然的发展与人类的发展是相互影响的。"天人合一"就是人与大自然要合一，要和平共处。这一概念说明了人与大自然之间是相互依存的，不可分割的。"天人合一"是中国古代贤哲给全人类留下的重要思想内容，是中国文化对人类巨大的贡献之一。在今天，人们越来越认识到要与自然和谐相处的重要性，在大力强调要保护自然、顺应自然的同时，也要倡导绿色发展理念。"天人合一"的思想为我们建设绿色中国奠定了理念基础。

第五，"以民为本，德行人善"的道德观，在中华民族优秀传统文化当中，自来就重视道德修养与人格的培养。孔子提到"志于道,据于德,依于仁,游于艺"。[1] 他重视培养学生以道为方向，以德为立脚点，以仁为根本，强调以礼、乐、射、御、书、数六艺为涵养之境，来使学生得到全面的发展。孟子所提倡的"恻隐之心，仁之端也；羞恶之心，义之端也；辞让之心，礼之端也；是非之心，智之端也。"[2] 孟子所提到的四端之心，体现了人的仁、义、礼、智这四个方面的道德准则，这是孟子人性善的依据。在儒家著作《大学》中提到："大学之道，在明明德，在亲民，在止于善。"[3] 我们可以看出，古代教育的核心内容是伦理教育，这里提到了教育的宗旨，在于弘扬光明正大的品德，使人的道德往最完善的方面发展，这也与思想政治教育的目标相似，在下文我们将进行更详细的阐述。

2. 目标上的耦合关系

如上所述，中华优秀传统文化与思想政治教育在目标上也有着耦合相似的关系。具体体现在育人目标与目标属性两方面

（1）育人目标层面

在思想政治教育和优秀传统文化的继承中，本质都是提高受教育对象的思想觉悟，从而形成良好的价值判断，对社会现象以及个人发展选择上能够进行正确的选择。思想政治教育是通过物质、精神等载体向受教育者灌输正确的、主流的、适应社会发展的意识形态，从而提升人们的思想道德水平，引导人们树立坚定的、符合社会主义道路发展的理想信念，为国家培养新时代所需求的爱国主义人才，为中国特色社会主义建设贡献力量；中华传统文化是典型的伦理道德文化，孔子倡导以"仁"为核心，先义后利，道德原则第一性，倡导人们都应遵循社会规范

---

[1] 洪镇涛主编，程明霞译. 论语 [M]. 上海：上海大学出版社，2012.
[2] 王浩良译. 孟子译著 [M]. 南昌：百花洲文艺出版社，2010.
[3] 王国轩，张燕婴，蓝旭，万丽华译. 四书 [M]. 北京：中华书局，2011.

和礼仪，注重人与人之间的和谐交往和人格平等，也凸显出传统文化中对人们伦理道德层面的高度要求。优秀传统文化的传承目同样是引导人们朝着积极的方向发展，树立良好的价值观念，培养优秀的道德品质。因此，二者在育人目标上具有高度一致性，都以思想道德素质的提升和内化作为落脚点。

（2）目标属性层面

思想政治教育的根本目标是促进人的全面发展和共产主义的实现，具有鲜明的政治性；而中华优秀传统文化中重视个人、社会和国家的统一。《礼记·大学》中"修身、齐家、治国、平天下"的观点恰恰体现出中华传统文化的政治色彩。

综上来说，中华优秀传统文化与思想政治教育无论是在育人目标层面还是目标属性层面，都具有高度一致性，旨在为国家培养政治素养高、道德修养强、综合素质优的社会主义人才。

3.教育方法上的借鉴关系

思想政治教育的方法是多种多样的，有理论教育法、实践锻炼法、咨询疏导法、比较鉴别法、自我教育法等。这些方法相辅相成，其中，理论教育法是运用最为普遍的方法。而中华优秀传统文化的育人作用不是依靠外在的强制力，它是以渗透化的"内化"为主，而非灌输，它在潜移默化中影响着人们的社会实践活动。中华优秀传统文化在长期的道德教育的实践当中，形成了其独特的教育方法，集中最具代表性的就是"言传身教""因材施教""慎独内省"等。这些教育方法经过了实践的检验，给思想政治教育方法提供了有效的借鉴之处，具体介绍如下。

（1）借鉴言传身教法。中国自古具有重视言传身教的传统，"言传身教"主要是指通过言行影响、教导别人。思想政治教育也是育人的教育，可以学习借鉴言传身教法。教育工作者除了正面向学生传授理论知识，也要注重感染、熏陶、即通过润物无声的言语交流、行为示范等方式，让知识潜移默化，春风化雨般的进入学生心田。与灌输式教育相比，言传身教法避免了教师与学生之间的矛盾对立，使学生更容易接受，在不知不觉中达到了教育的效果。具体而言，一方面要重视教师的"言传"，把有形的知识和无形的价值观透给学生，另一方面，要重视教师的"身教"，在学生心中树立强烈的师责和崇高的师品。

（2）借鉴言传身教法。中国自古就有因材施教法，最早来源于孔子，也就是《论语》中所讲的"求也退，故进之；由也兼人，故退之"。孔子在面对不同弟子同一个问题时，根据弟子的不同特点给予差异化的解答，目的在于培养弟子们的优秀品格。思想政治教育面对的主体是来自全国的大学生，由于每个人的生长环境，家庭教育和学科领域的不同，导致学生在性格特点，心理特征和思维方式上有多差异。因此，思想政治教育应该把因材施教法作为一项重要的教学方法和原则。第一，建立一套完整科学系统的学生个性特征测评体系，了解学生个性、基础、兴趣、需求等。第二，教师在教学中可以根据不同学生的学习起点、学习态度和学习效果，采取与其风格相配的教学方式和考核评价，满足学生个性化生成需求，引导学生自我学习，树立学生信心，增强"获得感"。

（3）借鉴慎独自省法。"慎独"，出自《中庸》："莫见乎隐，莫显乎微，故君子慎其独也。"[1]强调一人独处时要慎独慎微，严格自律。在我国的传统文化当中，也有许多关于自省的名言，如荀子所言："见善，修然必以自存也；见不善，愀然必以自省也。"[2]，可见，古人非常重视慎独自省并将其作为修身的重要方式。思想政治教育可以将慎独自省法作为教学内容的补充，第一，充分发挥学生的主体作用。在课上对学生进行正面教育的同时，课下要求学生将慎独自省作为自身的道德修养，做到经常自我反省和自我管理。第二，充分发挥教师的引导性。学高为师，身正为范。教师也应按照教师准则严格自律，"树人德"，成为学生人生的启迪者。同时不断创新教学的方式方法，在课堂教学和理论实践当中，以自身修养影响和教育学生，激励学生不断反省和完善自己。思想政治教育运用这种慎独内省的德育方法，可以充分发挥人们的主体性，引导他们自我反省与自我约束，从而进一步塑造健全人格、培养高尚道德。

二、中华优秀传统文化融入思想政治教育的必要性

思想政治教育所具有的鲜明文化属性和重要文化价值使其成为为国家和社会培养具有高素养合格人才，构筑民族与国家思想灵魂支点的精神课堂。思想政治教育的过程与内容也无处不体现和渗透着历史文化的影响。面向新时代，将中华优秀传统文化融入思想政治教育，从中汲取智慧与滋养是解决其自身创新发展问题的重要思路；将中华优秀传统文化的强大凝聚力、引领力、滋养力融入思想政治教育，将思想政治教育置于中国特有的历史社会文化传承中，是扎根中国大地培育时代青年，肩负起文化传承使命、增强文化自信的必然要求，也是思想政治教育在发展中源自自身文化属性和文化追求的理性自觉。

（一）传承与弘扬中华优秀传统文化的要求

世界已进入互联互通的科技时代，信息传递之快、辐射之远将价值观念的输出变得轻而易举。在网络发展当中催生的夺人眼球的新文化形式，为优秀传统文化罩上了无形的"灰色外衣"，使得优秀传统文化的传承无从谈起，由此可能导致文化面临断流与消失。优秀传统文化艺术等具有民间特色的非遗成果如同濒危

---

[1] （战国）孔伋原著．焦金鹏主编．中庸[M]．南昌：二十一世纪出版社．2015.01．
[2] 张晓林导读/注释．荀子[M]．长沙：岳麓书社，2019.10．

动物一样正以相当的速度消失，较多的传统民俗文化与技艺成为不可恢复的历史。而这些正抑制着我国弥足珍贵的精神财富和物质财富的发展。

思想政治教育活动本就担负着先进文化续古、重现和创新的历史使命和责任。当代社会飞速发展，正处在关键时期，需要着力加强文化的传承与创新，推动社会精神文明建设。中华优秀传统文化传承了五千年，无疑可以为中华民族先进文化指明发展方向。思想政治教育一面将本民族的、科学的、先进的文化传播给教育者与受教育者，另一方面向全世界辐射了中华民族的优秀文化成果。为优秀民族文化与世界文化的双向互通搭建桥梁。我们知道，思想政治教育自产生就烙印上了中华民族与社会的标识，是精神文明建设系统中的重要构成。思想政治教育是背靠我国的社会历史文化发展而展开的，自然会受到社会发展的目的及要求、社会的文化条件情况、社会历史文化的环境因素等的制约与影响。优秀传统文化精华的继承发扬情况、文化之责的使命担当是否真正落到实处，同样对社会文化的发展产生着深刻影响。这就要求思想政治教育要以显著的思想性优势，发挥其在优秀传统文化的传播、解释、普及和主导的基本责任。继承和弘扬民族文化作为助推思想政治教育现代化的重要手段，成为思想政治教育的重要职责。因此担负起中华优秀传统文化的传承任务势必会促成优秀传统文化的长足发展，为建设面向的现代化、世界与未来的优秀文化提供不竭原动力。

（二）培育社会主义核心价值观的要求

社会主义核心价值观仅以寥寥数语就从不同层面对我国的价值取向与道德目标作出了高度概括与深度凝练。字数虽不多，但却蕴含着深刻意蕴，是对具有普遍意义的社会价值的归纳概括，也是对人类文明成就的高度浓缩。社会主义核心价值观的涵养与培育，并非单单是某个人、某个机构或某个团体的任务，而是每个人的共同责任。

新时代背景下，经过几千年的洗礼和发展，优秀传统文化更加具有稳定性和传承性，它的传承性正体现在每个中国人身上。社会主义核心价值观根植于优秀传统文化的丰厚土壤。优秀传统文化绵延数千年，有着独特的价值体系，潜移默化地影响着人们的思想观念、价值取向和行为方式，社会主义核心价值观必须从中吸取营养。中华文化强调"民为邦本"，主张以德治国，以文化人。强调"言必信，行必果""出入相友，守望相助"等等，这些理念都体现了鲜明的民族文化特色和历久弥坚的时代价值，是对优秀传统文化的传承和升华。

社会主义核心价值观是对中华优秀传统美德的弘扬。中华民族素来被称为"礼仪之邦"，立于世界之林，道德资源十分丰厚，主要是以儒家伦理为主要内容，并融合借鉴法家、道家等思想优秀成果，历代思想家在民族道德实践的基础上，总结和提炼而成。主要体现在注重整体利益、推崇仁爱原则、提倡人伦价值，追求精神境界、重视修养实践这五个方面。在此基础上，随着时代的变迁逐渐积淀，深入到全民族的价值观念、行为方式和风俗习惯之中，最终发展为调节人与人、人与社会关系的优秀道德品质，可见中华优秀传统美德为社会主义核心价值观提供了生长根基和发展动力。

推动优秀传统文化与思想政治教育协同发展、相互促进，对涵养社会主义核心价值观意义非凡，是新时期培育社会主义核心价值观的重要途径。积极汲取优秀传统文化的丰富养料，深入挖掘优秀传统文化的强大思想政治教育功能，是开展社会主义核心价值观教育的应有之举，也是人们增强文化素养，进行自我完善的内在要求。

（三）培养中华民族的自信和自豪感的要求

爱祖国的璀璨文化以及大好河山都是爱国主义的体现。中国拥有着几千年的历史，之所以能够生存发展至今，其中一大关键就在于民族凝聚力，这也激发了不同时代人们敢于拼搏，勇于斗争的强大力量，其始终作为一大精神支柱隐藏在内心深处。民族凝聚力离不开强烈的民族自豪感，一旦两者脱离关系，那么社会重心也将会产生严重偏移，全国上下人人自危。对于我们中国人而言，中华民族伟大复兴"中国梦"必须要由也终将由充满斗志的中国人所实现。

只有一个有梦想的民族，才可能有光辉的未来。中华民族的梦是由每个中国人的梦汇聚而成的伟大复兴梦，没有中国共产党全心全意为百姓立命的初心，没有全国人民为之奋斗的决心，没有优秀传统文化的传承和弘扬，中国梦就不可能会实现。文化是历史发展的生命线，是国家进步、民族团结的生命线。作为中华民族的根基和命脉，优秀的传统文化无疑是实现中国梦的精神支柱。

历史告诉我们，要在文化古国——中国建设新的民族文化，是离不开历史，离不开传统的。若完全抛开历史、丢弃传统，我们将会失去民族根基、道德支柱、甚至失去精神命脉，这于国家发展、民族复兴而言无疑是深重灾难。自古以来，华夏民族就有着古老的文化传统，中华民族独有的人文素养、文化品质都得益于这个传统。但随着时代变迁、社会发展，这些原本作为民族血脉、根基的东西，逐渐被人们否定、批判、丢弃、遗忘。

新时期以来，传统文化再次开始出现在人们的视野中，在社会范围内广泛传播。具有漫长历史和辉煌文化的中国，如今已重新发现了优秀传统文化的强大功能，当下，我们致力于建设社会主义现代化强国，实现民族的伟大复兴，离不开历史基础、离不开优秀传统文化。所谓复兴就是在不忘本来的基础之上，开辟新的未来。立足新时代，实现民族复兴，必须要以优秀传统文化涵养中国梦，让崇正义、尚合和、讲仁爱、求大同、明礼义等优良传统成为实现民族复兴的根基和支柱。作为历史的显著基因，优秀的民族文化总是在民族的血液中涌现，随时代激流而奔涌、喷泻。

（四）实现文化强国、提升中国文化软实力的要求

思想政治教育是我们党思想宣传工作中的压舱石，实现社会主义文化强国的目标，要求提升全民族的道德文明培育素质有理想、有道德、有文化、有纪律的社会主义公民，而培育工作是思想政治教育义不容辞的时代任务。"软实力"一词，最早由约瑟夫·奈提出，在不同的语境与环境中有着不同的释义，它有三种界定，第一种是将其视为一种影响力"能够影响他人喜好的能力"[①]；第二是把它视为吸引力；第三是"同化力"[②]。主要表现为思想的引领力、文化的同化和政治导向力。

"文化软实力"是中国化了的理论名词，它是一个国家和民族的文化辐射力、影响力、凝聚力，是国家软实力的核心要素。因此提升我国的文化软实力，必须扎根华夏文明，自觉地向深开掘其资源，并继承发扬好、守护好我国优秀传统文化。提升中国文化软实力需要自觉借鉴和吸收域外优秀文化。对域外文化的借鉴吸收要采用文化的价值判断与选择两种手段，针对我国的、民族的实际为考察基础，有取舍的借鉴和吸收域外优秀文化。

提振中华优秀传统文化、增强文化软实力，离不开思想政治教育与中华优秀传统文化的有机融合。思想政治教育作为培育民族文化创造力的有力手段，是党的思想宣传工作红线，而中华优秀传统文化便是中华民族先进文化的重要一环。对于在思想政治教育中助力优秀传统文化的建设，为面向现代、世界、未来的文化荣盛搭建有机载体，既是思想政治教育的文化功用的体现，又是对文化强国目标要求的有力回答。思想政治教育创新增进了中华优秀传统文化的繁荣与进步。对增强文化凝聚力、继承发扬中华民族的传统文化精华、强化民族认同感、激发奋斗活力、全面铸牢中华民族的文化之魂、凝聚新时代的中国精神积蓄力量。为维护民族尊严、国家安全，提升文化自信与人民幸福感提供思想动能与智力引擎，为实现社会主义文化强国的宏伟目标强基固本。

（五）实现思想政治教育创新发展的要求

经过几千年的发展，中华优秀传统文化已然具有深厚的内涵，具有强大的思想政治教育功能。学习和研究优秀传统文化，吸收它的精华，努力实现其强大的思想政治教育功能，不只是传统文化不可推卸的责任和使命，也是开展思想政治教育活动的丰富素材与创新源泉。

---
① [美]约瑟夫·奈．软力量——世界政坛成功之道[M]．吴晓辉译，东方出版社，2005．
② [美]约瑟夫·奈．硬权力与软权力[M]．门洪华译，东方出版社，2005．

1. 优秀传统文化为思想政治教育的创新发展提供了丰富素材

优秀传统文化能够传承至今而生生不息，离不开其博采众长的会通精神、厚德载物的人文精神、为国争光的爱国精神、自强不息的奋斗精神、天下为己的责任精神等，这些高尚精神始终深深影响着国人的情感、思想和行为，是我们赖以生存的精神支撑，更是思想政治教育不可或缺的精神命脉。

全球化、信息化的今天，多种文化思潮相互激荡，不断迭起，国人价值混乱、精神迷茫、情感无处寄托。思想政治教育的环境更复杂、难度更大、任务更艰巨，此种现状之下，如何固本清源，重建国人伦理道德、价值观念、思想情感，重塑国人的文化自信和民族自信？更多的人开始反求诸己，追根溯源，选择重新用优秀传统文化洗涤自我，浸润于传统文化之中，找寻我们自身独特的、符合时代特征的精神支柱。

优秀传统文化作为思想政治教育的理论基础，无疑给思想政治教育的创新发展提供了众多丰富素材。"吾日三省吾身"的内省方法启示我们要时刻进行自我反省，不断推动自我发展。"有教无类"的教育方法警示我们要对所有学生一视同仁，绝不做差异化对待，世界上不存在完全相同的两片叶子，更不会有完全一样的两个人，因此，针对不同的学生要制订不同的教育方针，努力做到"因材施教"。传统文化中的"知行合一"更是指导我们如何准确判断一个人的品行，知道或说出来是一回事，但能不能做到却是另一回事，要成为一个品德高尚的人，"知"是基础、是前提，但"行"才是更重要的。因而，为人处世中，我们不仅要"听其言"，更要"观其行"。

作为文化形成发展的生命机制，教育是伴随着文化传统出现的，可以说，没有文化传统就不会有教育，故而，教育必须以传统为源泉，最大限度地发挥文化对教育的促进作用，思想政治教育亦是如此。具有久远历史的优秀传统文化，蕴含无数值得我们借鉴和吸收的精华，是思想政治教育巨大的精神财富，也是其强大的素材来源。

2. 优秀传统文化为思想政治教育的创新发展指明了方向

之所以思想政治教育能够日益走向成熟和独立，和其与时俱进的创新性密切相关，优秀传统文化无疑是思想政治教育最为显著的创新源泉。优秀传统文化所蕴藏的道德教化观念，历经数千年的历史沉淀已发展成为一种独特而又强大的思想政治教育力，这种强大教育力的存在，不仅使华夏儿女养成了高尚的道德品质，而且塑造了中华民族独特的性格特征，同时对我国思想政治教育的深入发展有着极强的现实意义。

针对思想政治教育产生的新问题、新情况，我们可以从优秀传统文化中寻求解决方法，并对优秀传统文化进行相应的改造，使其更好地适应于思想政治教育问题的应对与解决。充分挖掘优秀传统文化强大的思想政治教育功能，对其进行创新性转化与创造性发展，是实现思想政治教育创新发展的有效路径。

进入新时期，思想政治教育亟须创新与发展。在创新发展进程中，思想政治教育要深入挖掘、充分利用传统文化中的优质教育资源，有区别地对待传统伦理道德与价值规范，坚持革故鼎新、古为今用，用优秀传统文化丰富的精神财富来化人、育人。扎根传统文化的深厚土壤，以优秀文化为载体，实现思想政治教育的创新发展，将思想政治教育创新发展和传承优秀传统文化相结合，为开展思想政治教育活动挖掘新资源、开阔新视野，充分发挥思想政治教育化人、育人的强大功能。换言之，中国传统文化与思想政治教育相融合，是思想政治教育自身发展创新的内在要求与必然选择。

三、优秀传统文化融入思想政治教育的目标与原则

（一）优秀传统文化融入思想政治教育的目标

1. 树立中华优秀传统文化自觉

"文化自觉"是指"生活在一定文化中的人，对其文化要有自知之明，明白它的来历、形成过程、所具有的特色和它发展的趋向。"[1] 也就是说，文化自觉是华夏儿女对本民族文化发展历程、历史地位和价值有深刻认识，能在正确把握其发展规律的前提下，主动担当传承发展它的责任。在传承文化过程中，要调动一切积极因素，唤醒人们文化自觉意识，使其自觉主动认识本民族文化发展历程。把中华优秀传统文化内涵与教学实际相结合，有效融入教学体系，利于学生形成理性文化主体意识，增强文化自觉。

一方面，要树立文化主体意识，引领文化自觉。从学生的角度来说，要主动学习中华优秀传统文化的相关理论知识，增加文化知识储备，提升文化涵养，认识自身担负的使命与责任，提高辨别外来文化、创新发展本民族文化的能力，逐步树立发展传统文化的自觉意识。从教育者角度来说，教育工作者要在正确把握中华优秀传统文化发展规律和脉络的基础上，将中华优秀传统文化相关内容有组织、有计划地融入教学实践中，准确解读、传播中华优秀传统文化理论知识，并在尊重和调动教育对象主体意识的基础上，摒弃他们是被动接受者的教育观念，自发研究教育对象的认知规律和接受特点，以适应他们发展需求创新授课方式，开展中华优秀传统文化教育，进一步引导教育对象进行自我教育。

---

[1] 费孝通. 费孝通论文化与文化自觉[M]. 北京：群言出版社，2007.

另一方面，要树立传承文化的责任担当意识，增添文化自觉的底气。传承与弘扬中华优秀传统文化蕴含的哲学思想、道德观念、人文精神等精华，始终在社会发展中保持永垂不朽的价值，对提高文化自觉的信心和加强新时期文化强国建设有重要价值。面对多元文化的冲击，人们逐渐产生了盲目认同西方价值取向的趋势，教育者从中华优秀传统文化中汲取精髓，既加深了受教育者对中华优秀传统文化价值的认识，也使之形成了科学的价值观念。在举办的古诗词大会、文化沙龙等各种宣传传统文化的活动之中，让人们学习中华优秀传统文化蕴含的爱国主义思想和进取精神等内容，增强对中华优秀传统文化的认同感，提高科学文化素质和思想道德素质，进一步强化文化自觉意识。

2. 确立中华优秀传统文化自信

文化自信是单独的个体对自身所处环境中文化价值的肯定与认同，并对其以后的发展充满希望和信心。文化自信与实现中华民族伟大复兴密切相关。青年学生作为年轻有活力的特殊群体，是国家和民族的希望，他们对中华优秀传统文化自信与认同，关系着国家的命运和民族的发展前途。高校开展中华优秀传统文化教育，在传承思想精华的前提下，要结合实际需求对其进行创新发展，加强学生文化自信。

一方面，要增强中华优秀传统文化价值认同，树立高度文化自信心。中华优秀传统文化蕴含的思想哲理历久弥新，得到中华民族世世代代尊崇。如前所述，西方文化思想的渗透，不仅对学生的价值观产生冲击，也对我国社会主义文化建设带来威胁。面对如此形势，我们应认识到文化自信在教育中的重要性，以优秀传统文化建构人们精神世界，重拾人们的文化自信心。在课堂教学中，教育工作者要清楚讲述中华优秀传统文化在世界文明发展中的贡献，讲清楚它的发展历程与基本精神，使学生从内心深处认同本民族文化，充分肯定中华优秀传统文化的价值，增强文化自信心。

另一方面，要激发中华优秀传统文化活力，增强文化自信。人们在文化层面的需求随着社会日新月异的发展逐渐多元，优秀传统文化只有与时俱进，满足他们日益增长的精神需求，才能持续发挥作用。因此，在保留中华优秀传统文化基本特征的基础上，根据时代的发展，不断对其内涵进行拓展与完善，以时代精神激发活力，使之与现代文化相适应，进一步转化为与时代发展相适应的文化，以此充实人们的精神世界。而且，也要结合中华优秀传统文化的时代价值，创新发展其蕴含的思想理念，使其散发出时代的光芒与智慧，并内化于人们的思想，外化于日常行为，增强文化自信。

3. 实现立德树人、以文化人

思想政治工作要注重以文育人。在思想政治教育中开展中华优秀传统文化教育，能够进一步引导人们坚定信念，规范他们的道德行为。

实现立德树人、以文化人应从中华优秀传统文化中汲取精神滋养，让人们清楚认识它的核心精神，形成高度认同感。教育者建构优秀传统文化教育体系时，要对经典文化典籍的内容进行深入挖掘，有计划、有目的地萃取其中蕴藏的为人之道、立身之本以及道德修养等核心价值，以现代话语体系对其进行详细透彻的文本解读，引导人们深刻理解和领悟其中为人处世的智慧，自觉用这些价值理念对大学生进行立德、立言、立行的教育。借助中华优秀传统文化核心价值思想，融入思想政治教育工作当中，不仅增强了立德树人的文化底蕴，也为培养高质量人才队伍提供精神给养。

（二）优秀传统文化融入思想政治教育的原则

1. 坚持马克思主义导向原则

思想政治教育具有明显的政治倾向性，它是在中国共产党的带领下进行的。中国能有今天的发展，正是因为在共产党的带领下，找到了马克思主义这个正确的旗帜方向。我们党自成立以来，就坚定不移地将马克思主义作为自己的指导思想，并且经过不断探索，结合中国具体国情，创造了毛泽东思想、邓小平理论、"三个代表"重要思想、科学发展观、习近平新时代中国特色社会主义思想，这些都是中国经过了长期的社会主义革命、改革和建设形成的适合中国国情的马克思主义中国化的理论成果。但马克思主义诞生产生于19世纪的欧洲，它不能直接适用于中国，只有将它与中华优秀传统文化结合起来才能与我们的国情相符，可以说中华优秀传统文化为中国化的马克思主义提供了丰厚的文化土壤。马克思主义是由科学的世界观与方法论统一组成，而中华优秀传统文化有着深厚的历史积淀，它蕴含着丰富的唯物论和辩证法思想，二者之间有着一定的契合之处。

马克思主义是我们立党立国的根本指导思想，思想政治教育必须坚定不移地以与时俱进的马克思主义理论作为行动指导，这是保障教育始终朝着正确的社会主义方向发展的必要条件。

首先我们要明确，坚持马克思主义原则不是将马克思主义生搬硬套，必须立足于实践，实现马克思主义理论深深扎根于中华优秀传统文化的土壤当中。

其次，马克思主义理论作为思想政治教育的重要内容，不能只是生搬硬套，马克思主义理论是较为枯燥难懂的，只有将其与优秀传统文化结合起来，用民族形式来理解与表达它，这样才有利于人们接受与认可，引导人们形成正确的价值导向。

最后，多元文化、多元价值观给思想政治教育工作带来了诸多挑战，这就需要思想政治教育工作者在汲取优秀传统文化精髓教育学生的同时，强调价值导向的一元化。在思想政治教育的课堂当中，将中华优秀传统文化有效地融合起来，就更应该坚持以马克思主义为指导，坚持实事求是，用科学的理论来武装学生的头脑，抵制各种不良思维、腐朽思想的影响。

2. 坚持以人为本的主体原则

要坚持以人为本的原则，就必须明确教育工作者与学生都是思想政治教育的主体。思想政治教育的教育者是人，教育对象是人，其出发点与落脚点，归根到底也是人，离开人的思想政治教育，实际上是不存在的。思想政治教育工作必须要正确认识学生与教育工作者的主体地位，在教学过程中，不仅要充分发挥教师的主导作用，更要调动学生自身学习知识的积极性。

中华优秀传统文化一贯就注重人的主体价值的发挥，尤其是儒家思想，更是重视个人的道德修养的培养。而马克思主义则是强调人的全面发展，二者在这两方面有着异曲同工之处，将二者作为思想政治教育的重要内容，也就要求了教育者必须要将学生放在主体位置。当然，这里强调充分发挥学生的自主性，并不等于放任自流，学生的学习还是要在思想政治教育者的引导下进行，将教育与自我教育充分结合起来。

教育不是简单地从外部强加到学生身上的东西，教育必须是从学习者的本身出发，这样才能充分激发学习者的学习兴趣，提升学习效率。现代教育学所提倡的"以人为本""以学生为本"要求思想政治教育要将学生真正视为学习的主体，改变传统教学模式，充分发挥学生的主动性。在课堂教学的过程中，教师要全面了解学生的真实学情，要做到"教是为了不教"。教师如果只关注将知识教给学生，不考虑学生本身的需求，这只能实现表现上的教学。所以，在教学过程当中，要将学生置于中心地位，就要充分理解尊重学生，做到以学引领教，以教来适应学，充分发挥学生的内在学习兴趣以及内在的学习需求，提升思想政治教育课程教学实效性。

3. 坚持传承与创新性原则

传承性原则是我们开展中华优秀传统文化教育时应遵循的重要原则。中华优秀传统文化是中华民族一定历史时期的产物，由于受产生时社会思想文化背景的限制，其中的内容和表现形式不可避免地带有时代烙印，具有历史局限性。教育者应理性对待中华优秀传统文化，选择、吸收、融合与思想政治教育相契合的精华内容，使之合理地运用到思想政治教育中。

创新是一个国家和社会不断前进的不竭动力和源泉。中华优秀传统文化历经千年传承至今依然经久不衰，正是由于其自身所具有的推陈出新、革故鼎新以及包容开放的特征，在发展过程中对与外来文化的冲突中始终坚持求同存异，不断以开放的姿态吸收借鉴其他文化，并根据社会阶级发展的需要不断进行自我革新，在时代的氛围中不断蜕变与转化，不断创新与发展。

教育者开展中华优秀传统文化教育时，应在结合国情的基础上，充分结合校情、学情，创新教学内容与方法。教育者要在继承的基础上，科学对待中华优秀传统文化，不能一味地盲从，要不断拓展与改革内容和方法，不断赋予它时代气息，使其与教育教学的发展与时俱进。教育者要深入挖掘中华优秀传统文化资源，不断增强时代感，使思想政治教育始终保持生机与活力。

中华优秀传统文化融入思想政治教育应坚持创新性原则。开展中华优秀传统文化教育，应合理创新和阐述其内容与表达形式，不断创新教育内容和模式。同时，要以时代气息给予优秀传统文化新质内容，培养创新意识和精神，紧跟时代的发展步伐，把更多的新思想、新理念融入中华优秀传统文化元素当中，也要把继承传统与实践创新相结合，将它有效地贯穿于现代文化发展之中。这样既能保持中华优秀传统文化的本质特性，又能体现社会主义文化建设的时代张力，使之得到历久弥新的发展，更好地服务于思想政治教育工作。

4. 坚持理论与实践相统一原则

中华优秀传统文化向来就强调知行合一，要实现二者的有效融合，就必须坚持理论与实践相统一的原则。即思想政治教育工作者，不但要将中华优秀传统文化知识传授给学生，还有将优秀传统文化充分融入课堂实践与社会实践当中，让学生在实践的过程中，感知它、领悟它，从而实现中华传统文化的发扬与传承。

思想政治教育要贯彻实践的观点，是因为：首先，中华传统文化中就蕴含着实践精神。中华优秀传统文化就是中华儿女在历史的长河中，在实践的过程中一步一步创造出来的，具有较强的实践性。在传统文化中居于核心地位的儒家思想一贯强调实践精神，一直以来，孔子就十分重视躬行践履。孔子认为"行"是德的表现，并将其作为评价一个人品德好坏的标准，强调"行"重于言，言行需一致。更有"纸上得来终觉浅，绝知此事要躬行"的至理名言流传至今。要将中华优秀传统文化有效融入思想政治教育当中，必须要秉持实践精神，将知行合一的思想理念贯彻到教育的全过程。其次，思想政治教育具有实践性的特点，它一直以马克思主义、毛泽东思想和中国特色社会主义理论作为自己的指导思想与教育内容。一直以来，马克思主义理论的精髓就是实事求是，马克思主义理论中也蕴含着丰富的关于实践的观点。中国共产党立足于中国国情，在实践中创造出了中国化的马克思主义理论，这些重要理论观点对思想政治教育有着直接的指导作用，也就要求思想政治教育要贯彻实践的观点,在教学过程中要坚持好理论联系实际。思想政治教育工作者要贯彻好理论与实践相统一的原则,就要做好两方面的工作。其一,就是要充分利用课堂教学,做好对优秀传统文化知识与思想政治教育理论知识的传授,发挥好优秀传统文化的育人功能,引导学生掌握丰富的理论知识,提升学生的人文素养。其二,要充分利用课堂实践、校园社团实践以及社会实践,将教与行统一起来,引导学生做到理论与实践的统一,通过学生的主动参与,调动学生的学习积极性,力争在实践当中实现中华传统文化的传承,实现思想政治教育的目的。

四、中华优秀传统文化融入思想政治教育存在的问题

新时期思想政治教育工作,特别是针对大学生的思想政治教育工作,越来越受到各方的高度关注。在此,我们从具体视角出发,以高校思想政治教育为例,详细阐述其与优秀传统文化相结合尚存在的问题。

(一)高校课程设置方面存在一定弊端

当前,很多高校积极响应党中央关于大力弘扬中华优秀传统文化、加强中华优秀传统文化教育的号召,不断尝试在课堂教学中引入优秀传统文化因素,通过校园文化活动等方式展现优秀传统文化的魅力,在校园环境中体现了中华优秀传统文化的生机活力,努力培养德"艺"双馨的新时代大学生。虽已取得一定的成效,但是具体活动的推动力度还有待加强。许多高校都有开设与优秀传统文化有关的选修课程,但课程学时以及考核力度都十分有限,学生所受到的优秀传统文化熏陶相对来说比较有限,选修课程的强制性和覆盖性也不够高,难以真正有力推动大学生自主学习优秀传统文化的内涵。

事实上,课堂教学不仅应当是大学生思想政治教育的主阵地,还应当是传承优秀传统文化的主渠道。高校要将中华优秀传统文化有效融入思想政治教育当中,就必须充分发挥课堂教学的作用。当前主要通过两方面的课堂教学来实现二者的融合,一是发挥思想政治教育理论课程的教育作用,二是发挥中华优秀传统文化系列课程的课程思政作用。然而现在仍然存在将思想政治教育以及传承与弘扬优秀传统文化单纯的当作思想政治理论课的教学任务的情况,亟须在思政以及专业课堂教学中加大优秀传统文化的融入力度。

首先,从高校思想政治教育理论课的课程设置来看。当前,大多数高校将思想政治教育理论课程设置为公共基础课。这样的课程往往是大课,课堂成员可能来自多个专业不同班级,专业性质不会有所区分。由于学生群体的专业不一,教

师在授课过程中就难以充分把握学情，做到满足每个学生的需求，对授课内容的深浅程度也就难以掌握。一方面，这就容易造成思想政治教育教师在将优秀传统文化融入课堂教学的过程中出现缺乏针对性，脱离学生实际的现象，难以依据具体问题对学生进行真正的因材施教，产生只是理论的"搬运工"的情况。另一方面，这也会导致教师在课堂教学过程中对传统文化的渗透性不够，出现理论教学空洞抽象的情况，从而使课堂缺少感染力，学生也就难以切身体会到优秀传统文化的魅力之处。从而在中华优秀传统文化融入思想政治教育理论课程的过程中增添了难度。

其次，从传统文化相关课程的设置来看。要实现二者的有效融合，就要充分发挥传统文化课程的课程思政的作用。2019年8月，国务院办公厅印发的《关于深化新时代学校思想政治理论课改革创新的若干意见》中提到"要调整创新思政课课程体系，各高校要围绕中华优秀传统文化等内容设定课程模块，开设系列选择性必修课程"。[①] 因此要充分发挥课程思政的重要作用，设置优秀传统文化相关课程，深入挖掘传统文化的育人资源，实现中华优秀传统文化课程与思想政治教育理论课程同向同行，以达到全方面育人的目的。高校虽然开设了中华传统文化的相关课程，但是在课程设置上仍存在着倾斜的情况。

当前，随着对中华优秀传统文化教育价值的不断重视，很多高校也在积极地开设优秀传统文化课程。例如，虽然高校普遍设置了《大学语文》《中国传统文化概论》等课程来进行中华传统文化教学。但是，部分高校设置的此类课程最多涉及两学期，并没有将优秀传统文化教育贯穿于全年级。这样课程课时较短，教育周期不长，不能真正使大学生深刻体会到传统文化的深厚内涵。对优秀传统文化的继承与发扬不可能一蹴而就，必须循序渐进，经过长时间的积累，这是一个极为漫长的过程。中华传统文化的教育应该贯穿于高校教育的全过程中。而短短的学期课程教育并不能充分发挥中华优秀传统文化的育人价值。再如，虽然关于中华传统文化的课程不少，但是较大部分还是以选修课为主，很少有学校将中华优秀传统文化课程像英语课程一样设置为全校必修课程。一方面，选修课程容易出现学生专业不一、受众面较小的情况，且考核方式往往以考查为主，这样教学效果不会很理想。另一方面，对于选修课程，部分学生的重视程度并不高，他们往往只想拿到学分，所以学习态度也就较为敷衍了事，这也使课程丧失了本身所具有的价值。

最后，从二者融合情况来看，思想政治理论课教材中涉及优秀传统文化的内容不多，以与大学生思想政治品德教育最为相关的2018版《思想道德修养与法律

---

① 关于深化新时代学校思想政治理论课改革创新的若干意见[M].北京：人民出版社，2019.

基础》的教材内容为例，中华优秀传统文化的相关知识内容在其中所占比例仍然偏少，停留在简单罗列内容的层面上，且多是理论观念性内容，缺少将其与文学、戏曲、书法、礼仪等内容相结合的道德性和文化性。与此同时，教材中还有许多知识点是大学生在之前就已经学习过的，这些内容缺乏新意又与大学生心理发展的阶段特点不符，这就导致"融入"工作难以达到预期的效果。在其他的一些专业课程中，比如理工科的专业课程就会更注重培育大学生的专业知识与技能，这就在一定程度上消解了优秀传统文化在其他课程中的教育功能。

学习优秀传统文化是一个"低收益值、长半衰期事件"，需要长期坚持、不断循循善诱以及榜样的言传身教。要利用优秀传统文化来使思想政治教育达到"此时无声胜有声"的效果。

（二）大学生缺乏对优秀传统文化学习的兴趣

中国特色社会主义进入新时代，90后、00后逐渐成为大学生群体的主要组成部分。作为推动未来社会发展进步的中坚人才，普遍有着较高的科学文化水平和政治道德素养，能自觉地拥护党的方针政策。将优秀传统文化熔铸于思想政治教育，能够激发大学生传承与弘扬优秀传统文化的使命担当。总体来看，当前我国大学生的思想政治状况是积极向上的。大学生对优秀传统文化也逐渐有了一定的认识与了解，但对优秀传统文化的价值与内涵缺乏深入的系统的认识，这会导致大学生无法正确衡量优秀传统文化的价值，弱化优秀传统文化对大学生的内在影响。

当前，高校将中华优秀传统文化融入思想政治教育当中，最直接的目的就是为了培养全面发展的社会主义接班人。简单来说，就是为了培养人，培养青年大学生。大学生在大学期间最主要的两个任务就是知识的学习与道德素质的培养。大学生自身的学习态度与观念意识会直接影响整个教育效果。

首先，由于大学生们长期处于应试教育的背景下，他们更加注重学习成绩的提升，而忽视对自身道德素质、人文修养等方面的培养。从小学到大学，大部分学生将自身的精力与时间皆花在了考试要求的"知识"上面。在这种应试教育体制下，考试就是学生日常学习的指挥棒，学生在学习的过程中，往往将获取高分数作为自己的目标。虽然高校开设了传统文化课程，但学生缺乏学习兴趣，对课程持着应付的态度，为了应付期末考试而进行死记硬背，考试结束后便将相关知识抛之脑后，这样并不能达到很好的学习效果。虽然高校现在越来越重视对学生道德素质的培养，但是学生自身的学习态度仍没有改变，从目前大学生对待思政课程的态度来看，部分学生将思想政治教育理论课程认为是无关紧要的课程，对于思政课程怀着"混"的态度来对待，这也是学习效果不佳的原因之一。

其次，随着国家综合国力的提升，高等教育的普及，高校毕业生日渐增多，巨大的就业压力与竞争力使得大学生只关注专业知识的学习，关注专业技能的提升，而不愿意花更多的时间去学习中华优秀传统文化，提升自己的人文素养与道德修养。学生对于高校开设的思想政治教育理论课程与中华优秀传统文化课程的兴趣度并不高，他们往往将这些课程的学习当作完成任务，认为只要完成考试，获得学分就是学习的最终目标。甚至在课堂上做与课程无关的事情，如在课堂上自顾自地复习英语四、六级考试。他们没有对这些课程的价值进行正确的衡量，不能意识到这些课程背后所蕴含的丰富的哲理性知识能给他们"三观"的形成、道德素质的提升、人文素养的培养产生深远的影响。并且，在日常的学习当中，学生也很少会主动去阅读与传统文化或思想政治教育相关的书籍与资料，即使有，也往往浅尝辄止。

再次，学习优秀传统文化时间长且收益慢，需要日积月累才能形成一定的文化底蕴，与大学生快节奏的生活方式以及务实的观念有冲突。快餐文化消解着大学生阅读的兴趣与耐心，越来越少的大学生愿意花大量的时间和精力阅读国学经典，从经史子集或历史名人的生平中了解优秀传统文化的精神内涵，他们更多会选择从影视剧、电影和短视频等相对快捷的渠道来了解优秀传统文化。这些影视作品中呈现的传统文化内容的真实度有待商榷，容易引起大学生对传统文化的不当解读，影响大学生对传统文化的全面把握和客观认知。此外，优秀传统文化中还有很重要的一部分就是传统节日和习俗。虽然国家通过设置法定节假日来使大学生铭记历史，清楚传统节日的来源与意义，但是现在大部分大学生对法定节假日只停留在要放假的认知里，也没有去了解其历史来源和现实意义的主动性和探索精神。

最后，个别学生对于传统文化缺乏正确的认知，并对其产生抵触情绪。中华传统文化有着深厚的历史积淀，它有着精华的一面，也有着糟粕的一面。中华传统文化并不等同于封建文化，它所蕴含的传统美德、核心理念在今天仍具有丰富的育人价值。但是由于个别学生却对传统文化中糟粕一面的认知过度放大，因此对优秀传统文化也产生抵触情感，偏执地认为传统文化已经过时，否定优秀传统文化的育人价值，这也使得他们不愿意学习优秀传统文化。

（三）师资队伍缺乏一定的传统文化素养

承担着教育责任的高校思想政治教育课教师是大学生成长成才路上的重要引导者，其专业技能水平和思想道德素养应当具有较高的水准。无论是帮助大学生获取专业知识，还是着力提升大学生的人文素养，教师都要发挥关键的指引作用，其综合素质的高低将直接影响课堂的教学成果。将优秀传统文化融入大学生思想政治教育是对教师个人综合素质的极大考验，对教师的跨学科交叉融合的综合能力提出了更高的要求。

因此，高校教师队伍水平的高低直接决定了整个教育效果的好坏。要将中华优秀传统文化与思想政治教育有效融合起来，就需要教师在传统文化与思想政治教育领域均有一定的学术功底，但是根据对教育者的学术背景研究发现，大多数教育者的学科背景单一，他们在专业知识结构上要么偏重马克思主义理论，要么偏重中华传统文化，对两者进行交叉融合研究的往往也只能泛泛而论。就目前来看，高校思想政治教育师资队伍对传统文化知识的储备是较为不足的。

一方面，高校思想政治教育专职教师的专业普遍为马克思主义理论，他们缺乏对中华优秀传统文化知识进行系统的学习与训练，因此，这方面的理论功底较为薄弱。在高校思想政治教育实践当中，教师容易出现拘泥于课堂，拘泥于书本知识的现象。而中华优秀传统文化知识在思想政治教育理论教材当中涉及内容较少，内容分布也较为零散，教师在教学过程中不能以点带面，很难将书本上碎片化的知识串联起来并展开拓展。所以，在教学过程中，也就很难将二者有效地结合起来。

此外，当前的教师队伍中，部分教师并不具备融合优秀传统文化与思想政治教育两个学科领域知识的高水平学术研究能力，无法真正满足传统文化融入思想政治教育的相关要求。

另一方面，辅导员队伍也是高校思想政治教育的骨干力量，他们有着引导学生培养高尚的道德水平、正确价值取向的责任与义务。因此，辅导员队伍资历的深浅和知识水平的高低也制约着二者的有效融合。在很多高校，较为常见的现象就是一个辅导员对应上百个学生，甚至是两三百个，如此庞大的队伍，使得辅导员的有很少的时间与精力去学习传统文化知识与思想政治教育知识，因此理论水平也就难以提升。

每位教师在授课中都各有特色，都会结合自身的爱好与特长来进行授课，如果教师自身都仅仅对传统文化一知半解，只有肤浅的认识，又怎么能够言传身教地吸引大学生自觉地用优秀传统文化涵养自身？

（四）校园文化环境的优秀传统文化氛围有待加强

校园文化环境与课堂教育教学是相辅相成的关系，二者的有机结合能有效促进优秀传统文化的融入。近年来，高校纷纷响应教育部相关部署要求，在校内组织学生开展关于优秀传统文化的校园文化活动，渐渐形成一种积极向上，充满人文气息的和谐校园文化环境。良好的校园文化环境不仅体现了学校思想政治教育的教育宣传水平，突出了作为高素质人才的大学生在校园生活中的行为举止对建设和谐校园环境的重要性，还体现了学校传承与弘扬中华优秀传统文化的程度，突出了增添校园环境的传统人文色彩的重要性。

校园文化是每一所高校经历几十年甚至几百年的历史沉淀下来的具有各自特色的精神文化风貌，很多高校尤其是在历史文化名城中建立起来的高校都有传承与弘扬中华优秀传统文化的痕迹，如校训、校徽等的设计中蕴含着优秀传统文化的精神特色，校园中的建筑设计与命名以及校园中的景观设计都散发着优秀传统文化的气息。优秀传统文化融入校园文化环境这一方面取得了可喜的成就，但是校园文化环境的优秀传统文化氛围仍然不够浓厚。

可以看到，在大学校园中虽然经常开展各种各样的活动，但大多都是集中在社交层面或专业技能层面，这样的活动受众面比较广。有的学校开展传统文化教育活动，比如讲座、比赛等带有一定正式性的活动，多数是一种针对理论性内容的讲解，既没有将优秀传统文化的内容与大学生的现实生活相联系，做出符合大学生心理特点的阐述，刺激大学生学习传统文化的积极主动性，也没有将优秀传统文化的内容用多元的形式讲出来，尤其是没有利用传统神话、寓言故事等内容进行互动性的方式来进行宣传，这就缺少了生动趣味性，难以激发大学生了解优秀传统文化的欲望。大学生社团也多有举办有关优秀传统文化的活动，能相对有效地吸引同为学生的群体，但存在着经费短缺或者活动经验缺乏等问题，未能深入地宣传到优秀传统文化的精髓，存在流于形式的问题。校园文化环境中的优秀传统文化痕迹也缺乏高校自身特色的品牌效应，还需要进一步加强优秀传统文化在校园文化环境中的浓厚氛围。

（五）社会实践活动缺乏对优秀传统文化的运用

随着教育事业的空前发展，国学课程以更高级的形式回归到大众视野并且市场前景甚好，看似社会各界对中华优秀传统文化的认同度日渐递增，但只停留在知识层面，并没有对文化育人这一深层价值引起足够的重视。

第一，家庭成员望子成龙盼女成凤的紧迫心理。孟子曾言"养心莫善于寡欲"，如今，带领孩子穿梭于各种补习班已是中国父母的生动写照，可书法的初衷原是修身养性、陶冶情操，国画的魅力在于笔精墨妙、提升审美，国学的回归是因为中华优秀传统文化中潜存着丰富的育人价值。而中国父母更看重作品是否得奖、背诵的诗词古文能否在亲戚朋友面前展示搏一搏面子。行止不端，读书无益；心高气傲，博学无益，这种做法无疑与传统文化育人的落脚点相背离。父母作为子女人生中的第一导师，应该将目光放在良好家风建设和"孝"文化传承中。

第二，对公共平台的利用和把控不到位。公交站牌、社区宣传栏、公园美化、广场建筑、电视节目等都是宣传教育工作开展的良好契机。一方面，没有利用好这些公共载体，比如公交站牌旁的公益性广告更能深入人心，社区宣传栏上举办活动的照片和公告比张贴二维码加群更能调动年轻人积极性，电视节目中配合舞美和音乐的古诗词更能引起年轻人的情感共鸣；另一方面，对公共平台的把控有待加强。公共平台起到的育人效果往往是广泛而持久的，但不利因素亦是如此，当下奢靡之风、历史虚无主义等仍然潜存在公共平台内，需要严加管控。

第三，社会各部门缺乏有机联动。在引入传统文化进校园的同时，各高校也逐渐尝试"走出去"，然而社会范围内的传统文化活动普遍具有主题鲜明、目标不明确的通病，究其根本在于各个部门之间缺乏沟通和配合以及协同育人的意识淡薄，活动中各自完成相应的工作，并没有认识到育人的使命。此外，国内优秀企业的社会价值未能得到充分发挥，忽视了企业为社会发展储备人才、培养人才这一客观事实。

（六）优秀传统文化的现代价值挖掘不够

优秀的中华传统文化包括中华民族历史上保存的诗歌和书籍、民间艺术、节日习俗、传统礼仪、思想文化、价值取向、民族精神、心理状态等一切物质或非物质的文化形态。因此，不仅可以把中华优秀传统思想文化作为思想政治教育内容，还可以通过礼仪、器物、节日、习俗、制度等文化因素进行教育。比如古代人民通过精湛高超的技艺，制造青铜器、金银器、陶瓷器，发明造纸术、指南针、鲁班尺等，这些凝聚古人智慧的重要文物，就反映出中国人民爱岗敬业、自强不息的精神和为国为民无私奉献的远大雄心抱负，这不仅是大学生思想政治教育的内容，更是思想政治教育的重要载体。还有中国古代修建的万里长城、水利工程、古典园林、坛庙寺观、石窟佛塔等，也是我们今天思想政治教育的重要载体。中国古人慎独自律、省察自省、知行统一、躬身笃行等行为准则，也是我们思想政治教育所倡导的重要方法。因此，无论是物质形态还是非物质文化形态都是重要的教育资源，其中包含渊博的教育价值，是新时代思想政治教育可以学习的宝贵经验。但是，在目前受到大部分思想政治教育者广泛研究的是传统文化中哲学思想、伦理观念、政治制度等思想文化，很少对思想文化之外其他传统文化资源进行挖掘和运用。

除此之外，在当代社会中，教育者在进行文化融通时，往往会受到国家政策方向以及大众关注焦点等影响，教育内容更多地向社会发展热点方向倾斜。在解决众多社会现实问题时缺乏系统性和全局性，仅仅只是结合教育内容将优秀传统文化的教育引向片面的社会现状分析等，教育内容与目的被动地被当下社会问题牵制，未能主动地占领人们视野，未能在本质上实现优秀传统文化的融通与教育。另外，一部分教育者在学习优秀传统文化的过程中，认为理解了部分历史史实以及儒家文化中的一些精髓思想就了解了中国传统文化，便沾沾自喜，自认为对传统文化已经有了足够的认识，就可以在其他受教育者面前把所知所学授予他人，其实不然。这种片面的理解只是触及到了传统文化的冰山一角，对深刻理解还有很长的距离要走，这种教育者都一知半解的情况下，教育预期目标将会很难达成，甚至会对文化的传承造成偏差，引起受教育者对传统文化的误解，阻碍传统文化的传承与深入挖掘。

（七）部分优秀传统文化原生环境遭受破坏和冲击

1. 部分优秀传统文化的原生态环境遭受破坏

由于人们普遍缺乏对优秀传统文化的充分认知，传统文化中蕴藏的优秀价值没有得到重视，致使部分优秀传统文化的原生态环境和历史风貌遭到毁坏。丧失了传统文化的文化历史价值，虽然换取了一时的经济利益，却取代甚至割裂了传统文化最基本的传承与弘扬的目的，决然忽略了特色文化的思想政治教育价值。例如，诸葛亮"故里之争"、刘备、曹操、赵云、哪吒等等"故里纠纷"，甚至争夺西门庆"家在何方"；再如名人故居等文化旅游景区无限制地接纳游客，严重超越文化景区承受度；还有注重商业利益而不保护文化遗产，甚至以开发利用文化景区为名，将传统民俗文化旅游点、传统民俗风情园等的展览演变为纯粹的商业谋利行为；有的地方积极申报世界文化遗产花费了大量财力物力，但申报成功之后，不注重传承保护，不注重挖掘其核心精神价值，最终导致优秀传统文化资源浪费。

通过以上例子可知，唯有对优秀传统文化进行合理利用、系统开发，才能有效发挥优秀传统文化的思想政治教育功能。然而现阶段由于部分人缺乏传承和保护优秀传统文化的意识，对其开发利用也缺乏系统规划，导致部分优秀传统文化的原始氛围受到损害。研发和运用优秀经典文化的价值是一个耗时长、投入大、见效慢的系统性工作。目前我国在传承优秀传统文化的过程中，对优秀传统文化的开发和利用基础薄弱，规划意见莫衷一是，缺少各级党委、教育部门、高校科研团队的积极支持和引导，使得优良的传统文化没有合理妥善地继承，优良经典文化的育人价值没有得到充分挖掘和合理利用。

2. 多元文化对中华优秀传统文化剧烈冲击

目前，大众传媒蓬勃发展，复杂多样的文化信息充斥媒体，发达国家不断通过文化传播来推销自己的价值理念、思维模式。当代部分大学生的传统价值观念、国家的意识形态和民族情怀、文化的独特性纷纷受到多元意识形态和外来文化的严重冲击。同时，伴随经济全球化进程的不断推进，信息化时代下思想和信息的交流更加便捷，西方发达国家妄图用自己的思想文化对其他国家进行影响。西方文化过度炫耀资本主义的完美无缺性，迷惑国人价值观，继而否定本国发展历史，这对中国的传统价值观及未来发展都有着消极影响。日本、韩国也通过网游、动漫、综艺影视、书籍等文化产品大量传播本国传统文化，并受到部分大学生的热烈追捧。伴随影视产品流行的同时，韩国的美食、服饰、礼仪、历史文化也成为人们的关注点。部分学生开始学习韩国礼仪文化、语言习惯，参加韩语水平考试。这虽然在一定程度上丰富了大学生的文娱生活，开拓了大学生的文化视野。但是，传播的这些文化产品中部分往往娱乐化倾向严重，感官欢愉与精神刺激过度，可能会消减了大学生的传统价值观与社会道德责任感，严重冲击了大学生的传统价值观，对大学生的现代文化生活产生误导。

如今的大学生群体思想活跃、个性强，虚荣心也相对较强，追求高品质的精神与物质生活，但在逆境中缺少承受力，普遍缺少"肯吃苦"的精神。西方资产阶级的不良思想也开始利用大学生群体思想防范意识不强和价值选择与甄别能力相对较差的"契机"，对当代大学生思想意识进行侵袭。这些都与其个体自身优秀传统文化底蕴不足有关。有很多大学生手里拿着"外国薯片"、眼中看着"某国大片"，过着洋节但对我国的优秀传统文化知之甚少，更有甚者认为国外的社会经济制度是最高级的、堪称完美的制度体系，并以此推论西方的思想文化才是最具智慧的"顶层之梁"。在全球化的时代里，谁都逃不掉信息的围堵。西方的各种主义夹杂着错误的思想席卷而来，给我国大学生群体的教育带来了冲击。学生在现有的教育中不能体会优秀传统文化教育的精神滋养，在教育工作者身上难以寻求中华优秀传统文化的文化痕迹。这使大学生优秀传统文化的教育缺失日益加重，增加了建立师生优秀传统文化自我修养的自觉意识的难度。

五、中华优秀传统文化与思想政治教育相融合的实现路径

本书针对上述中华优秀传统文化融入高校思想政治教育存在的问题进行分析，并探讨优秀传统文化与思想政治教育相融合的实现路径。

（一）将优秀传统文化教育更深层次纳入高校课程体系

1. 增强高校思想政治教育课程体系中优秀传统文化的融入度

从根本上说，毛泽东思想、中国特色社会主义理论体系，都是马克思主义思想植根在中华大地上、与中华文化相结合的理论产物。因此，要对具有思想政治教育价值的优秀传统文化进行分类细化，赋予其符合社会主义现代化要求的新阐释，选择与不同课程特点相符合的优秀传统文化内容融入思想政治理论课的教材中，努力形成以马克思主义为指导的具有中国文化特色的思想政治教育课程体系，

着力培养三观正、德行正的中国特色社会主义事业的建设者与接班人。

第一，融入《思想道德与法治》。这门课与大学生的道德素养和价值追求之间的联系最为紧密，主要的课程目标就是引导大学生自觉地培育和践行社会主义核心价值观。修订后的教材中增添了很多关于优秀传统文化的内容，比如第三章"弘扬中国精神"对爱国主义进行了系统的阐述，第五章"明大德守公德严私德"融入了中华传统美德的精髓。除此之外根据不同的章节内容增强优秀传统文化的融入力度。例如在第一章"人生的青春之问"中融入传统诚信观以及孝悌忠义、修身内省等内容，引导大学生在传统思想理念和道德规范中涵养"取之有道，节之以礼"的义利观。在第二章"坚定理想信念"中运用史实阐述坚定理想信念的重要性，融入"三纲八目"学说，将优秀传统文化的内容与大学生的实际生活相联系，促使大学生树立修己慎独的个人追求与利济苍生的政治追求，实现大学生个人理想与中国特色社会主义共同理想的统一。

第二，融入《中国近现代史纲要》。这门课以爱国主义教育为重点内容，深入进行爱国主义优良传统教育，弘扬和培育民族精神，在铭记历史中体会中华儿女不怕牺牲、自强不息的民族精神。为增强优秀传统文化的融入度，在教材中除讲述知识点之外，可以将苏武、霍去病、卫青、邓世昌等爱国英雄人物的历史故事或有关爱国情怀的诗词歌赋融入课堂教学的过程中，与理论知识交叉讲授。还可以将革命志士的红色家书融入课堂中，让大学生在革命烈士真情流露的书信中感受浓烈的爱国情。

第三，融入《马克思主义基本原理概论》。这门课综合来说是理论性较强的一门课，这就需要运用中华优秀传统文化使马克思主义基本原理更加生动和中国化，以便于大学生理解运用。在深刻理解社会发展规律前提下坚定共产主义的崇高理想。这门课系统阐述了马克思主义的基本原理，在其中能发现许多与优秀传统文化的理论契合点。例如将中华优秀传统文化中的朴素唯物论、老庄辩证法融入辩证唯物主义与历史唯物主义中，将优秀传统文化中的知行合一融入马克思主义的认识论中，将优秀传统文化中的民本思想、天下为公的社会理想融入人民群众是历史的创造者和共产主义崇高理想的章节中，用两者的相通之处来培养大学生的辩证思维。

第四，融入《毛泽东思想和中国特色社会主义理论体系概论》。这门课主要介绍了马克思主义中国化的理论成果，旨在坚定大学生对中国特色社会主义的四个自信，侧重从政治与思想上引导大学生认识马克思主义理论与中华优秀传统文化这两者之间的内在联系。在教学过程中可以用历届国家领导人对传统文化的态度以及推行的方针政策作为跳板，说明优秀传统文化与马克思主义的结合是社会现代化发展的需求。将"天人合一"的生态思维融入生态文明建设,"和而不同,执两用中"的中庸之道融入心理健康教育与和谐社会建设,深入发掘中国特色社会主义理论体系的传统文化底蕴。总的来说就是运用优秀传统文化中思想精髓来帮助大学生加深对中国特色社会主义的理解。将优秀传统文化融入高校思想政治教育课程体系不仅能丰富、发展马克思主义,还能提高思想政治教育的有效性、趣味性和亲和力,培养自觉承担弘扬优秀传统文化使命的时代新人。

对大学生进行思想政治理论教育的主要阵地就是高校的"两课"课堂,除以上四门主要课程外还有"形势与政策"。这门课的内容多是时事政治的热点问题,目的在于帮助大学生把握党的最新理论成果,认识国际国内的发展形势,更好地将学习到的思想政治理论知识运用到实际生活中。在这门课中融入中华优秀传统文化,可将历史中与当前社会发生的类似事件进行对比分析,培养大学生"以史为鉴"与"经世致用"的传统思维,促使大学生通过比较分析进一步理解国家的形势与政策。

2. 编写系统的中华优秀传统文化教材

教材是教育者在课堂教学中开展教学内容的具体依据,是大学生学习理论知识的主要工具,在提高大学生思想素质、法律素质、政治素质等方面发挥着知识载体的作用。教材是二者融入的有效路径,是开展文化教育的保障,要重视编写和修订。编写和修订中华优秀传统文化相关教材。伴随高校教育理念、模式、方法的不断更新,传统文化教材的编写和修订尤为重要。

一方面,相关教育主管部门要组织国内著名专家和学者,对中华优秀传统文化中符合大学生思想政治教育的内容,进行系统的分析和整理,并在此基础上分层次、分系列的编写优秀传统文化普及读物;还要统筹整合国内现有的中华优秀传统文化相关书籍,剔除书中不符合时代发展的内容,在对其内容做出符合现代发展的阐述后进行修订,从而形成统一的、权威的中华优秀传统文化教材。

另一方面,编写中华优秀传统文化的教材要有程序性。在编写教材之前,相关部门应认真调研,广泛听取和征集相关专家及学者的意见,并根据专家们的建议充分论证编写的可行性;在教材编写的过程中,要组织一流的专家、优秀的教师参与其中,编写的内容要贴合实际,并适合教师教学和大学生学习;在教材编写之后,也要不断汲取中华优秀传统文化随时代发展所展现的精华内容,及时对教材进行更新和修订,让学生可实时、全面地了解它新的发展动态和信息。编写的中华优秀传统文化教材内容要有科学性。编写教材内容要挖掘中华优秀传统文化的价值内涵,选取其中最能体现传统文化精神、伦理道德规范以及价值取向等方面的内容。还要结合现阶段高校教育的特点,遵循当代大学生成长规律,贴近学生的生活实际，深入阐发核心思想理念，注重阐明传统文化价值理念的全面性、科学性，厚植爱国主义情怀和自强不息的进取精神。编写教材内容要秉承通俗易懂原则，增强可读性和实用性。在教材内容设计上，可以与社会热点问题相结合，如在中华传统美德内容的编写中，可以结合当下突出的大学生考试诚信缺失、社会上公交车让座等道德热点问题，在课堂教学中让大学生进行自主思考与讨论，教师要在其中给予适当的价值引导，使其对这些道德理念有更深刻的认知。

3.挖掘高校专业课程体系与优秀传统文化的契合点

中华优秀传统文化广博的内容与高校的专业课有很大的融通性。专业课教学中体现中华优秀传统文化的内涵，是加强思想政治教育的重要路径，也是落实"课程思政"，培养全面发展、德才兼备高素质人才的重要环节。各门专业课有其自身的独特性，专业课教师深入研究专业特点、内容，探寻其与中华优秀传统文化的融合点，利用优秀传统文化的育人功能，实现知识传授与价值引领的融合。

（1）让中华优秀传统文化合理融入专业课。专业课教师要根据专业课特点，不能为了融入而融入，避免将中华优秀传统文化内容生搬硬套、机械地融入专业课中，使学生产生抵触情绪，影响教学质量。在融入专业课的过程中要遵循具体问题具体分析的原则，做到具体专业具体分析。如，文学和哲学类专业，把中华优秀传统文化融入课堂教学，可以直接挖掘其时代价值；在理学和工学类的专业，专业课教师要积极钻研教学内容和优秀传统文化的契合点，探求课堂和优秀传统文化之间的间接联系，深入挖掘优秀传统文化中敢于创新、勇于奋斗、敬业好学的精神，培养学生工匠精神和创新意识，激发爱国情怀和使命担当。在专业课中融入优秀传统文化，创新课程教育新模式，满足不同专业学生的学习需求，有效提升育人效果。

（2）以中华优秀传统文化丰富专业课的内容。高校专业课教师通过研究中华优秀传统文化与专业课之间的契合点，在学科专业教学中增加优秀传统文化的内容，在大学生学习专业知识和技能的同时，渗透优秀传统文化的价值理念。在结合各类专业课特点的基础上，从中华优秀传统文化中萃取与专业课内容相关的思想精华，可以将其中的仁者爱人、励志勤学、自强不息等传统美德内容融入课堂教学，从而为大学生学习专业知识提供价值引导。专业课教师根据其教学内容和教学目标，科学设计教学讲义和教学方案，以中华优秀传统文化补充专业课的枯燥乏味，提升课堂教学内容对大学生的吸引力。在专业课教学中渗透中华优秀传统文化育人思想，不仅体现了思政教育理念，也进一步提升了大学生的思想道德品质。

4.增加中华优秀传统文化教育课程体系的覆盖面

一方面，要调整高校课程设置结构。面临社会严峻的就业形势，高校设置课程会更偏向于大学生能尽快掌握的专业技能方面。比如英语与计算机作为公共必修课，有关优秀传统文化的课程多是选修课，非强制性的课程不利于充分发挥优秀传统文化对学生发展的系统影响。因此，要结合实际发展需求，逐步增设更多优秀传统文化课程，相应调整高校课程结构。课堂是大学生系统、科学地接受优秀传统文化教育最集中有效的方式，而开展优秀传统文化课程可以弥补传统思想政治理论课的不足，所以不能将对大学生进行思想政治教育这项工作仅仅依托在思想政治理论课上。俗话说"一花独放不是春，百花齐放才是春"，要双管齐下，协调合作才能进一步提升思想政治教育对大学生的内化作用。高校除根据校园育人的共性设置必修选修课之外，还应根据校园文化的特色与育人侧重点不同的角度来调整课程设置结构。例如在师范院校中融入传统的书院文化，培养具有中国气质的教育者；在农业院校中融入传统的农业文化，让大学生在具备传统农业文化理论知识的基础上学习现代农业文明；在医科院校融入传统的中医文化，不仅培养大学生精湛的中医技术，更是坚定大学生作为从医者的济世之心。

另一方面，根据年级与专业特点开设"递进式"优秀传统文化课程。高校除一些本身比较关注优秀传统文化的大学生之外，大多数对优秀传统文化了解不多。所以不宜过早开展优秀传统文化精品课程，应先从比较容易引起大学生兴趣的基础性课程开始。首先可以开设优秀传统文化的概要课程对大学生进行通识教育，例如中华优秀传统文化概述、传统文化发展史等这类课程，让大学生对优秀传统文化的发展脉络、精神内涵有一个系统的初步认识，提高大学生对优秀传统文化的认知能力。其次开设一些主题板块类别的细化课程，让大学生在系统了解优秀传统文化之后，根据自己的意愿去选择感兴趣的主题课程，比如传统故事文化、传统服饰文化、古建筑艺术、书法艺术以及传统音乐鉴赏等等。最后可以开设学术研究类课程，这类偏理论性的课程需要比较深厚的优秀传统文化理论功底，在自主研究中感受优秀传统文化的深邃与魅力。此外，还要规范优秀传统文化的课程考试程序，明确考试目的与任务，建立和素质教育理念相一致的考试与评价体系，这也是对传统文化的一种敬意。这样循序渐进的课程设置更有利于大学生汲取优秀传统文化中的有益成分，从而涵养自身的道德品质与人格魅力，从侧面达到思想政治教育的育人目标。

（二）提升大学生对优秀传统文化的认知水平与践行能力

1. 端正学习态度，培养自主学习能力

学生是思想政治教育对象，要实现中华优秀传统文化有效融入高校思想政治教育当中，就必须将融入的落脚点回归到学生身上，转变学生被动接受教育的局面。作为有独立意识、独立思想的个人，大学生具有主观能动性，他们不是消极被动接受知识的客体，并且他们在中华优秀传统文化融入高校思想政治教育的过程中发挥着重要作用。因此，通过大学生转变自身学习意识，通过个体养成来提升自己的优秀传统文化涵养是实现二者有效融合的不可或缺的路径之一。

首先，提升学习优秀传统文化的意识。意识是行动的先导，只有良好的学习意识才能达到好的学习效果。要将中华优秀传统文化融入高校思想政治教育不是一蹴而就的事业，它是一个长期的工程。融入工作中不可或缺的关键环节就是大学生个体自觉学习意识的培养。第一，学生要端正自己的学习态度，明确自己的学习动机。学生既要明白思想政治教育理论课程的重要性与价值性，要将其作为提升个人道德素质与价值观的培养的重要途径；也要明白中华优秀传统文化所蕴含的重要价值，要在日常的学习生活中要主动积极地学习优秀传统文化知识，广泛涉猎相关内容，提升自己的传统文化素养。教师也要引导学生端正自己的学习态度，培养学生养成良好的学习习惯。在教学过程中，教师要将学生课堂表现纳入平时成绩评分标准中，引导学生积极参与课堂讨论，使其充分融入课堂教学中，自觉接受思想政治教育，接受中华优秀传统文化的熏陶。

其次，学生还要做好总结，学会反思，变被动学习为主动学习，找到适合自己的学习方式。我国古人一贯就十分重视自我教育，提倡克己内省。"吾每日三省吾身""见贤思齐焉，见不贤而内自省也"都体现了古代先贤们"自省""慎独"的学习态度，这些是当代大学生应该学习与坚持的。大学生还要懂得要学习用中华优秀传统文化当中的道德原则指引自己的一言一行。

最后，学生要找准定位，明确自己的中华优秀传统文化传承的主人公地位。第一，要做到对自我进行正确认知与科学的评价，找到准确的定位。只有对自己形成正确的认知，才能规划好自己的目标；第二，要培养两个意识：一是要立志成为一名合格的优秀的社会主义接班人，树立为中国特色社会主义事业奋斗终生的崇高理想；二是要明确自己的中华优秀传统文化传承的主人公地位，自觉将中华传统美德作为自己的行为准则与道德规范。

2. 提升对优秀传统文化的践行能力

首先，要提升大学生对中华优秀传统文化的践行能力，就要弘扬、传承与运用好其所蕴含的核心思想理念、传统美德及人文精神，自觉将它们转化为自己的生活智慧与处世原则。优秀的传统美德是大学生立身处世的根本准则，因此大学生要在日常的生活中认真践行，将外在的道德要求内化自己的道德品质。

其次，要学生对于优秀传统文化的学习不能只停留在理论层面，还要把握其中深刻的内涵，结合自身实际，将其切实应用到实践当中，做到学以致用。大学生要积极参与到课堂实践、校园社团实践以及社会实践当中，在实践中学习中华优秀传统文化知识，深化对其的理性认识，进一步提升对优秀传统文化的运用能力。同时学生在生活中与学习中还要主动去保护和传承优秀传统文化，如定期学习书法、绘画，阅读古代经典著作等，通过这些方式不仅能够丰富大学生自身的文化素养，还能提升对优秀传统文化的运用能力。

（三）增强教师运用优秀传统文化实现思想政治教育的能力

1. 提升教师运用优秀传统文化的能力

扎实深厚的文化素养是推动思政课程和课程思政的原生动力，打造一支学科知识基础完备、传统文化底蕴深厚的教师队伍不仅有利于激发大学生主体的求知欲，更能通过情感和精神上的共鸣耦合个人意识形态自觉和社会价值共识。

（1）要积极鼓励高校思政课教师和专业课教师主动学习中华优秀传统文化。一方面，引导教师在不偏离学科教学的半径内，有切入性地剖析中华优秀传统文化的价值底蕴和人文精神。学习内容和手段灵活自由，比如，研习传统文化经典原著和学术论文、解读党中央出台的与传统文化相关的政策文件、观看"中国诗词大会""朗读者"等具有传统文化元素的视频等，让教师在充分结合自身的学习兴趣和专业领域的前提下增强对中华优秀传统文化的认同感。另一方面，高校可以搭建传统文化教育的系统培训平台，保证每一名思政课教师、专业课教师以及学生辅导员都能切身参与其中共同领略优秀传统文化的时代魅力，提高施教水平和文化素养，以传统文化精神反哺教学，从而形成思政课程与课程思政的高度自觉。

（2）要高度重视中华优秀传统文化对高校思政课教师和专业课教师的亲和力感染力。这种亲和力感染力的发展犹如"实践—认识—实践"的规律般，教师在自主学习的过程中去芜存菁、情感共鸣，刷新了对中华优秀传统文化的认知高度，而又通过具有亲和力感染力的教学实践以情载理，落实立德树人这一根本任务。各高校应结合地缘优势和本土文化资源大力开展传统文化实践活动，让思政课教师和专业课教师感受到优秀传统文化的亲切感,完善课堂教学素材,并通过情感交融的课堂形式引导广大大学生知行合一,用毕生所学为中国特色社会主义事业贡献力量。

2. 强化教师对学生传统文化中优秀品格的言传身教

古人云,"其身正,不令而从,其身不正,虽令不从"[1],因此,教师要用优秀传统文化来提升自己的修养,规范自己的言行,重视用自身的人格示范作用来潜移默化影响大学生,将课堂教学上的言传与课下交流的身教紧密结合起来,真正做到言行一致,才能将感染力与号召力最大化,达到"蓬生麻中,不扶而直"的教育效果。

教师在具备强大的学识与人格魅力的前提下才能对大学生产生有效的正面影响。一方面,这种学识魅力来自于教师深厚的优秀传统文化理论水平,精通并能熟练运用深奥晦涩的优秀传统文化是会让大学生从内心产生敬仰之情,从而将老师作为目标和榜样,这也是影响大学生对知识认可度的一个重要因素。另一方面,这种人格魅力来自于教师在工作和生活中长时间展现出来的言谈举止、个人修养、高尚品德以及运用现代技术进行教学的能力等,也是求真务实在另一层面的体现。中国自古就会在中堂上设"天、地、君、亲、师"的牌位或条幅,表明中国具有尊师重教的传统价值观念,这也是对教师的人格修养提出了高要求。现代社会无"君",可以根据社会发展将其创新性地转化为"天、地、国、亲、师",将尊师重教的价值观念以及对教师的高要求传承下来,使教师能获得应有的社会地位,并以此勉励自己更好的担负言传身教的重任。教师的一言一行都是被学生看在眼里的,文化素养与道德品质都不高的教师无法真正做到为人师表。如果不能做好榜样示范,那么在课堂上传授的内容也很难被学生认同,甚至会被加以质疑。再者,教师也要与大学生建立良好和谐的师生关系,与大学生诚信交往,宽容并尊重他们,做到亦师亦友。这样有学识和人格魅力又自律具有亲和力的榜样的言传身教更有带动力与影响力。

(四)营造优秀传统文化融入思想政治教育的良好环境

1. 营造良好校园环境

首先,创造一个富含优秀传统文化元素的校园物质环境。创建良好的校园物质环境主要是根据校园建设规划,改善设施,美化环境,建设能够体现大学精神的优美校园。可以充分利用校园建筑来充当文化符号,将优秀传统文化元素应用到校园中的硬件设施与环境布置上。利用传统文化要素要对校园设施进行命名;

---
[1] 杨伯峻. 论语译注 [M]. 北京:中华书局,2006.

悬挂条幅、标语、古代诗词、优秀历史人物等具有思想政治教育意义的内容于到自习室、教室、图书馆等布置中；将优秀传统文化元素融入到校园建筑上。打造校园人文景观，营造文化氛围。

其次，营造良好的校园文化环境，在校园中加强精神文化教育。校园文化所蕴含的文化观念、生活观念等意识形态层面的内容应该是为全体师生员工所共同认可。良好的校园文化环境能在无形中影响学生价值观、人生观与世界观的形成，它所代表的特定的精神环境与文化气氛是学校本质、个性与精神面貌的集中体现。所以，对校园文化环境建设应该着重体现于校风、教风、学风、班风及校园人际关系上的校园风气建设。第一、要抓好学风与教风建设。在全校形成职工干部团结协作、艰苦奋斗、勤政廉洁、实事求是；广大教师队伍认真负责、开拓进取、治学严谨；全体学生严谨求实、勤奋学习、举止文明的良好局面。第二、要建设良好校风与班风。学校通过设计独具特色的校训、校徽、校歌来展现校园精神文化，增强全校的凝聚力与荣誉感。组织班级设计体现班级文化的班训、班歌、班级展报内容等，增强班级凝聚力，建设和谐、相互尊重的同学、师生关系。第三、要重视校园人际关系建设。通过引导学生成立各类兴趣小组、社团组织，举办校园文化活动来建设校园人际关系，开拓学生视野、提高学生实践能力，在全校师生中营造平等、诚信、互助、尊重的和谐人际关系。

最后，营造良好的校园网络环境。充分利用校园广播平台给学生讲述优秀传统文化的故事，讲述优秀传统文化节日由来、习俗等通俗易懂的内容；通过校园网站、校园 APP 等新媒体平台，定期给学生推送优秀传统文化文章、历史故事与时事新闻等内容，做到以正确的舆论引导学生、以优秀的作品鼓舞学生，以高尚的精神感染学生。

2. 营造良好家庭环境

孩子的第一个接受教育的地方就是家庭，家庭环境对于学生个人成长的影响是根深蒂固的，不能改变的。而父母则是孩子的第一任教师，他们也是学生正确价值观、世界观、人生观以及高尚道德品质形成的重要教导者。要将思想政治教育与优秀传统文化有效融合起来，就必须重视发挥家庭的引导作用，一方面通过在日常生活中渗透中华传统文化元素，营造良好的家庭氛围；另一方面通过父母的言传身教来影响学生的思想观念、价值取向、思想品德等。

首先，营造良好家庭氛围。拥有一个尊老爱幼、团结友善、亲友和睦的家庭氛围，能够对学生的思想道德品质及人格修养产生积极的作用。一个"和乐"的家庭环境，能够使孩子更容易形成孝顺父母、尊重他人的良好行为习惯与个人品德。

其次，采用多种家庭教育文化传承方式。这里主要发挥家长的言传身教以及利用传统节日文化的影响。家长要端正对优秀传统文化的态度，在日常生活中充分利用优秀传统文化元素来教育孩子。家长也要以身作则，率先示范，用实际行动发扬勤俭节约、尊老爱幼、尊重师长等优秀传统美德，形成良好家风，引导学生从小形成良好的生活习惯。

家长还要充分利用中国传统节日契机，尤其要重视利用重阳节、端午节、春节等传统节日文化，向孩子讲授传统节日背后的文化知识，通过节日的传统习俗活动来让学生对传统文化节日文化产生正确认知，增强他们的文化认同感与民族自豪感，树立正确的价值观念与道德认知。

3. 营造良好社会环境

学生是社会中的人，学生的成长与发展离不开社会环境，而现在大学教育是一个开放性的状态，社会环境状况的好坏也会影响着高校思想政治教育的效果。

首先，加大政府对传统文化的引导和宣传。良好的社会氛围的建设离不开过党和政府的主导与扶持：第一、政府要制定相关政策与文件，将继承与弘扬中华优秀传统文化落到实处，引起全体社会成员的重视；第二、各级政府部分还需要因地制宜、因材施教，充分利用各地区文化特点，制订科学方案，组织特色文化活动，扮演好中华优秀传统文化教育的推动者与领航者；第三、政府还要通过利用博物馆、名人故居、纪念馆、文化遗迹等公共服务设施，定期对公众免费开放，举办文化交流沙龙、知识讲座等活动，充分利用这些传统文化载体做好宣传与教育作用。

其次，发挥社会传播媒介的作用。要通过报纸、杂志、广播等社会传播媒介来宣传中华优秀传统文化，利用优秀文艺作品来传播文化知识、陶冶道德情操，引导正确的舆论导向，将优秀传统文化融于学生生活的每个角落，进而形成一个轻松愉快的社会教育环境。

最后，发挥社区组织的作用，将优秀传统文化的弘扬落实到基层。社区虽小，但它也是社会团体的重要组成部分。通过社区宣传栏、板报等宣传阵地，宣传优秀传统文化相关知识；定期举办知识竞赛、家庭教育讲座等与优秀传统文化相关的社区活动，引导广大人民群众积极参与到活动中来，以此来创建绿色社区、和谐社区、文化社区，构建和谐、团结互助的社区人文环境。

第二节 信息技术在思想政治教育中的应用

新时期，大数据、人工智能等信息技术正不断飞速发展，如何让思想政治教育装上信息技术的翅膀，实现新的突破，成为当前亟须探讨的问题。本节重点对信息技术在思想政治教育中的应用进行阐述，而关于互联网与思想政治教育的深度融合问题，将随后在第三节进行详细探索。

一、信息技术与思想政治教育结合的功能

思想政治教育在丰富与完善中，形成了具有信息技术特色的手段、载体与方式方法，这些技术化教育形态的运用增强了思想政治教育的功能，使它们也带有鲜明的特色。

（一）聚合优化功能

信息技术在功能上、联系上具有普遍性，因此当其应用于思想政治教育中时，所发挥的首要功能应该是整合优化功能，从多个维度上协调平行四边形合力，促进人力、资源等多方面因素释放同向作用。

1. 资源整合

信息技术运用产生的关键优势一在载体多，二在用法精。思想政治教育工作者可以借助信息技术的力量，根据教育对象的具体特点，采用适合的教育载体、教育内容，改变了教育资源无序散乱的状态，改善了使用教育载体的生硬与单调。

2. 多方配合

思想政治教育涉及家庭、学校、单位、政府部门、社会等多个参与方，不同参与方内又有不同参与者。例如，高校思想政治教育实践中，学校党委、校团委、思政课教研人员、辅导员等不同层次的参与者构成教育主体，难以划清各方职责。而信息技术则为教育工作者提供了广泛信息连接，使得看似杂乱的教育主体由一根信息鸿线连接在一起，构成以具体教育目标为中心的自组织系统。

（二）分析研判功能

在传统的思想政治教育的实际工作中，教育者很难对受教育者的政治倾向、价值取向、心理素质等主观方面做出准确的判断评价，也就难以有针对性地对受教育者进行教育引导。反映思想行为的事实资料较难完整地收集处理，使思想预测研判困难重重，无法形成超前认识。因此，在思想问题形成后，常常进行事中教育和事后教育，难以开展事前教育，造成了教育工作的被动局面。

而将信息技术中的"大数据"应用于思想政治教育后，就能更好地对受教育者进行思想研判，既能够动态跟踪、跟进教育对象的发展变化，又能够充分关照具体的思想演进轨迹，收集网络信息、数据，进行个案分析，积极解决思想政治工作滞后、乏力的问题。有了大数据采集、分析的基础，思想研判的规模不断扩大并全面覆盖事前、事中、事后教育，将极大地提高思想政治教育的主动性和实效性。

（三）质能适配功能

信息技术运用的素质能力匹配优化，是贯穿其应用的关键问题。

在思想政治教育中应用信息技术，不是宣扬"唯技术论""技术至上论"。能不能运用信息技术服务思想政治教育、如何运用信息技术服务教育，根本上取决于教育者与受教育者的信息素质能力等因素。

信息素质是人在网络生活中表现出来的一种与政治思想素质、道德法律素质、身体心理素质相适应的新型素质，包括运用技术进行信息搜集、整合、传播和创新的能力和意识，是融入人的综合素质中的信息能力、信息意识。信息素质的基础层次是"会用网"的能力，高级层次则是"用好网"的能力；而对于教育活动主客双方来说，又要分成教育者一方的信息素质与受教育者一方的信息素质。

对于受教育者来说，"会用网"就是跨越"信息鸿沟"。网络世界具有技术门槛，让一些人感到无法跨入，实际上是因为生活贫困没有条件接触电脑而不会操作造成的"信息鸿沟"。网络信息浩如烟海，很多人感觉到"信息超载"，实际上也是信息能力不足，无法运用信息手段进行筛选、"卸载"。很多人尽管会使用电脑，但不具有信息检索、分类、浏览和下载等高效获取信息的技能。这些能力不足也都是"信息鸿沟"的表现。提高人们的信息能力，不仅要在学校中开设计算机课程、在企事业单位中加强信息化培训，而且要从家庭、单位、社会多方面综合地培养人的信息运用能力。思想政治教育工作者要帮助生活贫困群体创造触网条件，鼓励技术贫乏群体提高技能，督促技术教育部门根据人们的多种需要完善信息能力培训体系。

教育工作者同样要跨越"信息门槛"。对于教育工作者来说，不会使用网络就不能与受教育者进行网络沟通，不能掌握受教育者的思想动态，更不能进行教育引导，这也是造成教育工作者与"80后""90后"乃至"00后"心理隔阂的重要因素。教育工作者要不断加强自身信息能力，减少与教育对象的沟通障碍，同时要加强信息技术人员的政治素质，树立服务思想政治教育的自觉意识。

受教育者"用好网"的能力，就是运用信息技术积极主动解决问题的能力。很多人虽然能够上网，也还是缺乏对信息进行深入分析和再加工的能力。对于思想政治教育而言，培养面向未来的人，就要锻炼人们运用信息解决问题的能力。

另外，对于思想政治教育工作者来说，"用好网"不但体现在利用网络有效解决受教育者思想问题的能力上，还体现在运用技术的主动性、创新性意识和能力上。

二、信息技术在思想政治教育的应用途径

科技的发展推动人文进步，思想政治教育的创新正是信息技术与思想政治教育融合发展的结果。大数据、虚拟仿真技术、区块链技术发展迅猛，在思想政治教育教育领域得到探究发展，充分运用新技术，加快构建资源共享数据库、分布式学习记录区与沉浸式体验教学，推动新时期思想政治教育纵深发展。

（一）基于大数据技术，建立资源共享数据库

建立全国性、功能齐全的资源共享数据平台是新时期思想政治教育融合信息技术发展的必然要求。

新时期思想政治教育遵循思想政治教育规律的同时不断依托大数据技术创新发展，大数据思维应运而生。大数据思维建立在海量数据收集基础之上，具有动态的、多维的、共享的、开放的特点。一方面，要树立大数据思维意识。得数据者得天下。思想政治教育者要掌握更多的数据资源，争取站在时代发展制高点。基于大数据的本质特点与技术应用，教育者可根据已获得的数据信息分析受教育者，并挖掘数据之间的相互关联性，区别受教育者的群体现象与个别现象，从而采取不同的教育手段，并对不同教育对象所表现的特点开展个性化的教育，推动思想政治教育个性化发展。另一方面，树立大数据平台意识。网络信息井喷式发展，思想政治教育也借鉴其有利方面，通过网络平台推动思想政治教育内容广泛传播，使得全国各地受教育者都有机会学习到名师课程。高校思想政治教育资源平台的构建，要注意提高其服务水平与知识开放、共享的程度，为广大师生提供优质的教学资源与配套服务。同时要加强对网络资源建设平台的宣传，提升该平台的知名度，让广大师生都能够积极参与进来，推动其使用的广度与深度，全面提升新时期思想政治教育的针对性、广泛性与实效性。

（二）依托虚拟仿真技术，开展沉浸式体验教学

虚拟仿真技术日新月异，虚拟经济与实体经济融合发展、同向而行，为新时期思想政治教育发展提供了借鉴。虚拟仿真技术就是根据一个真实的系统设计模仿出一个虚拟的系统。运用虚拟仿真技术，结合思想政治教育目标、内容、受教育者的需求变化设计模拟情境，人们可以在该模拟情境中直观感受和体验教学内容，调动自身的学习热情。

在沉浸式体验教学中主要包括两方面的情境设计，即"认知情境"和"认同情境"。

第一，"认知情境"主要用于受教育者的实际体验。在明确教学设计的目标后，要注重对具体情境的还原设计，在情境中设置贴切的语音提示、简洁的文字信息、

逼真的动画视频,采用模拟、演示、实地考察等方式增强沉浸式体验教学的真实感。受教育者通过体验此情境,对思想政治教育内容产生一定的了解,形成自身的认知。

第二,"认同情境"主要目的是对认知内容的思考、认可。沉浸式体验教学情境设计应增加讨论、问答等环节。例如,在情境中以文字或语音的方式提出问题,或发出组建小组进行讨论发言的环节,促进受教育者对体验活动的反思。同时,及时对受教育者的回答进行判断,并提供要点讲解,既是对受教育者所学内容的检验,也是对受教育者感性认识的升华,从而达到认同的目的。

(三)嵌入区块链技术,建立分布式学习记录区

区块链技术,也被称为分布式账本技术,可以使教育者与受教育者都参与数据库记录,其具有去中心化、公开透明、不可篡改、易于追溯等的特点。新时期思想政治教育通过区块链技术搭建分布式学习记录区,记录受教育者在不同阶段的教育经历、社会实践、学习工作等,推动思想政治教育教学评价体系跨越式发展。

三、信息技术在思想政治教育的应用中存在的问题及成因

大数据、人工智能等信息技术发展至今,对于教育而言,无论是在组织管理还是教学形式上都发生了深刻的变革,逐渐呈现出教育信息化、智慧化的发展态势。混合式教学、交互式学习已逐渐成为教育教学新样态,iPad、笔记本电脑、手机等也已成为受教育者获取知识和信息的新工具。数字技术与教育教学的融合优势已经显而易见,为此,思想政治教育要全面、深入地应用大数据、人工智能和新媒体等技术,通过构建移动化、智慧化、可视化的智能化平台,来推进思想政治教育的创新创优,这也是新时期的必然选择。但是,信息技术应用于思想政治教育的智慧化进程中必然存在很多问题,在此逐一进行阐述,并对问题的成因进行分析。

(一)信息技术在思想政治教育的应用中存在的问题

1. 智慧化平台建设不均衡

当前,思想政治教育教学、管理和服务智慧化的应用平台如雨后春笋越来越多,但是出现了只注重建设不注重运用、只注重硬件设施不注重内容等问题。大多数应用平台的应用率还是很低,甚至有些应用平台自部署至今从未被使用过,而仅仅有一小部分还是在一些报告中发挥着"滥竽充数"的作用。具体表现为应用平台模块、功能设计得不合理;操作复杂,体验感极差;平台维护,内容更新缓慢等。这些问题都使得思想政治教育功效大打折扣。

2. 智慧化资源整合不到位

教育教学资源的建设始终是信息技术应用于思想政治教育的智慧化推进过程中的重要任务。当前，虽然我国教育教学资源建设与资源共享等方面已经初具规模，但是，很多思想政治教育工作者却对此反映，他们很难从相关资源平台中找到合适自己教育教学所需要的资源，很多受教育者也提出相关平台资源网站上并没有自己所需要或是想要了解到的资源。究其原因，主要是平台资源建设部门条块分割，独立性较强，协同规划不力，导致平台硬件设施、软件配套、功能模块整合和资源共享不到位，甚至出现不同的资源平台由于网站网址的不同从而缺乏资源交换的接口，导致不同资源平台之间互不相连的问题。

受此情况制约，思想政治教育工作者往往需要从多个平台和资源库中进行搜集和下载教学资源，而受教育者只能通过百度网页搜索、知网平台查询、微信公众号查询等方式来收集整理自己所需的资料。

3. 智慧化主体能力不完善

随着教育信息化、智慧化的快速发展，思想政治教育也迎来了发展的新契机。

然而，由于思政队伍年龄结构、学缘结构和能力结构等要素影响，思想政治教育队伍等能力提升始终滞后于信息技术的发展，导致思想政治教育工作者面对智慧化新平台，存在不会用、不愿用和不敢用的思想和观念。部分年龄偏大的教育工作者，虽然理论和经验丰富，但他们已习惯于传统工作模式，从心理上较为排斥应用信息技术进行思想政治教育，或有的工作者愿意尝试将信息技术应用于思想政治教育工作中，但由于缺乏经验、技术生疏，容易出现错误与问题，也使得他们对思想政治教育中的信息技术"望而却步"；对于年龄适中的教育工作者，虽然他们对信息技术并不陌生，但由于家庭、工作等各方面的压力，致使他们不愿就此投入更多的精力，而且他们本身对于信息技术方面并不十分"精通"，想要应用自如，还需花大力气去学习诸多新技术，这也导致这部分人"裹足不前"；对于年轻的思想政治教育工作者，虽然他们熟悉信息技术，但由于理论素养和经验的不足，缺乏政治引领、理论释惑和心理疏导的能力，致使他们也无法尽快成为将信息技术应用于思想政治教育的"达人"。综上，目前思想政治教育队伍运用信息技术开展思想政治教育的能力和素质还滞后于相关技术的发展，存在一系列的问题，这也成为阻碍思想政治教育智慧化的主要因素。

4. 智慧化保障制度不健全

由于教育智慧化提出来的时间较短，现阶段，思想政治教育智慧化的保障制度依然存在不健全的问题。智慧化的保障制度包括：网络平台监管制度、队伍建设制度、激励和保障制度等。例如，智慧化平台存在功能模块不兼容的现象，呈现出了散乱、重复、无序等的特点；再如，对应用平台中的维护、升级和管理等方面缺乏特别完善的管理办法及保障制度，可能导致应用平台部署的紊乱、维修养护的不到位、故障率的频发、困难的升级，结果将会直接影响到平台最后的应用效果。教育智慧化应用平台能够可持续化的发展离不开科学化的保障制度，我们在推进高校思想政治教育智慧化服务平台建设的过程中，应要逐步建立健全思想政治教育应用平台的智慧化保障制度及机制，合理安排资源化配置。

5. 智慧化应用存在安全和伦理问题

在人类社会发展史上，科学技术的每一次变革往往都伴随着伦理问题的产生，因为科学技术作为一种文化软实力，是先于它所引起的社会变动的。因此每当科技文化变革之后，制约人们的伦理准则无法与之同步建立，伦理困境问题便随之出现。在思想政治教育的实际工作中运用信息技术，伦理困境也会发生。

在这里，我们以高校思想政治教育中运用大数据为例进行分析。

当前，很多高校为了方便管理，利用信息技术设置了大量传感器和处理器收集和存储学生信息，事实上，学生个人所产生的数据无论是主动产生还是被动留下的数据，其知情权、使用权、删除权本应属于自主决定的权利，但在大多数情况下难以保障。

高校大数据平台的分析具有关联性，与学生有关的数据信息都被采集和存储。每个学生的"校园通行证"——校园一卡通上面不仅记录着学生的日常消费情况，学生的生活轨迹也能从侧面得到反映，例如学生出入寝室的情况、上网时长、图书馆学习时间等信息都统计在内，如果系统发生故障导致学生信息泄漏，会是十分重大的数据安全问题，给学生带来严重伤害；此外，一些信息技术本身就存在着安全漏洞，会导致数据失真和泄露。

数据利用与隐私保护两者之间存在着天然的矛盾，思想政治教育工作者在收集和整理学生信息的过程中可能会涉及学生的隐私；大数据使用的权责问题、信息产品的社会责任问题以及高科技犯罪活动等都会衍生出伦理困境的问题。

确立相应的伦理原则是解决大数据技术引发的伦理问题的关键。一是要坚持以人为本的原则，在大数据实际应用的过程中以学生为本，服务于学生的健康发展；二是权责统一的原则，对于学生数据信息来说，坚持谁搜集谁负责，谁使用谁负责，明确责任主体，保证信息安全；三是坚持自主性原则。随着大数据逐渐广泛深入地应用于思想政治教育的实践过程中，学生对于数据使用的知情权要得到充分保障，畅通数据信息的流通和使用。除了遵循基本的伦理原则之外，加强技术创新，推动技术进步是解决数据安全和伦理困境问题的根本所在。在技术层面，对事前、事中和事后加强监督。例如，对涉及个人隐私的身份和其他敏感信息采取多层加密认证和升级，提高数据管理水平；在数据挖掘、存储、运输和分析等环节进一步加强规范，注重对从业人员进行道德责任的培训，建立数据信息分类保护的相关法律和条例，进一步完善高校大数据平台的标准，规范运行流程。

（二）信息技术在思想政治教育的应用中存在问题的成因

1. 理念滞后，缺乏"前瞻性"顶层设计

顶层设计是运用系统论的方法，从全局的角度出发，以实现资源集约化，效率最大化为价值追求，进行统筹规划的过程。教育智慧化是从"智慧城市"的概念中衍生发展而来的，思想政治教育智慧化出现的时间较短，国内也尚无任何一个成功的模式可以借鉴，尚未形成出一个普遍认可的教育智慧化的基本框架体系。在我国，思想政治教育智慧化的发展缺乏系统性、理论性、执行性的顶层设计及规划，导致智慧化的发展进程缓慢，智慧校园、智慧课堂等平台虽已建立，但因理念滞后，更新缓慢，致使应用平台利用率较低。例如，平台搭载内容，多以文件、理论等"官方"标准模式呈现，话语模式依然存在"口号化"的倾向，篇幅较长，题目也不醒目，致使受教育者关注度、到访率不高。此外，各应用系统之间未能实现数据的共享和交换，平台之间无法实现优质的教学资源共建和共享，缺乏系统推进全局的应用机制，这导致了系统建设与各应用系统之间脱节，也是缺乏顶层设计"前瞻性"的表现。

2. 投入不足，缺乏"智慧化"平台搭建

目前，虽然一些高校与企业在智慧校园建设方面已有许多成功的合作先例，中国大学 MOOC、超星、网易、钉钉等众多在线教育平台已成为受教育者获取知识的新渠道和高校思想政治理论课与课程思政的途径。但是，在线教育平台 APP 也同样存在着弊端，思想政治教育相关课程资源短缺、重复课程较多；在线教育平台 APP 中，广告所占的部分甚至超过了主要的教育内容；在线教育 APP 中只提供了课程，并没有提供为受教育者或教师服务的互动平台，一旦在课程中遇到任何问题都得不到及时有效的解决，这些问题的出现就会导致受教育者丧失学习的兴趣。

教育智慧化建设需投入大量的资金、人力、物力，而我国教育智慧化的资金来源较少，各高校投入的资金严重不足，尽管都在不断扩大，但仍不能满足教育智慧化建设所需。这些问题都严重制约着新时期信息技术应用于思想政治教育的智慧化发展，亟待解决，刻不容缓。

3. 队伍参差，缺乏"专家型"人员构成

大数据、云计算、互联网、物联网的加速崛起，尤其是人工智能技术的深度发展，使人工智能教育、教育人工智能和教育智慧化进入到大众和学界研究的视野。然而，由于网络传输、媒介传播和数字技术发展过于迅猛，致使思想政治教育队伍素养和能力发展滞后于技术进步，队伍利用信息技术开展思想政治教育的能力明显不足，在一定程度上制约了思想政治教育智慧化理论和实践的探索。目前，高校乃至社会各行各业都严重缺乏信息技术人才。加之思想政治教育队伍学科来源人文社会学科居多，了解、精通大数据、人工智能和媒体研发的专业型人才更是"难觅踪迹"。致使高校思想政治教育队伍呈现出强思想政治教育理论和实践，弱信息技术的现象，既缺少思想理论扎实的实行引领"导师"，也缺乏懂得信息技术的能手，更缺乏善使"十八般"兵器，能将信息技术应用于思想政治教育的"达人"，这在一定程度上也制约了思想政治教育的转型升级，迟滞了其智慧化的发展步伐。

四、信息技术在思想政治教育中的应用对策

（一）完善信息技术在思想政治教育中的应用机制

新时期思想政治教育想要抓住时代机遇不断创新，需要多方面的相互协作。教育主体需要不断提升自身素质，提高自己的技术水平。同时根据思想政治教育运用大数据出现的学生隐私泄漏问题也需要得到解决，建立系统的隐私保护机制，对学生数据信息做好保护工作，对学生出现的思想行为问题及时给予帮助。

1. 完善信息技术专业人才队伍建设机制

信息技术的应用需要具有专业理念和专业素养的技术型人才，因此思想政治教育想要更好地运用信息技术来提升思想政治教育效果就必须掌握专业技术。而以往的思想政治教育者只是在自己的专业领域具有丰富的理论知识和教学经验，在信息技术运用上有所欠缺。新时期我们更加需要复合型人才，既有专业的理论知识和教学经验又有深厚的技术功底。针对我国教育现状，想要提升思想政治教育质量，我们应当进行有针对性的人才培养，建立一支全面发展的人才队伍。

2. 建立数据隐私保护机制

近年来数据泄漏事件层出不穷，一度成为社会讨论的热点，被泄露信息的人遭受到了不同程度的身心伤害，而更多人则陷入被泄露隐私的恐惧之中。部分国家已经针对大数据运用教育当中隐私泄漏问题提出来了相关法律，我国关于对个人信息隐私保护的相关法律还不够健全，还在完善之中。

信息数据流失有多种渠道，归根到底就是管理机制不严密，因此有关部门应

尽快研讨出系统的数据信息管理办法，对信息收集、分析、保存都有科学的管理流程。划分系统内的职责，在数据处理的各个环节都划分清晰的权责，避免部门之间的管理交叉造成的数据泄漏。同时加强思政教育者、辅导员等工作人员的风险意识教育培训，保证不因个人利益将受教育者信息泄漏，严格遵守管理办法，约束自己行为，否则会接受相应的处罚。

还有一点需要注意，即近年来校企合作不断深化，有利于学校培养对口的专业化人才，不仅为学生解决了就业问题，还有利于企业培养适合自己发展的人才。校企间的合作虽然有利于高校的创新发展，但是也面临着学生数据被企业掌控的风险。部分企业出现非法利用学生信息的现象，目的是逃避国家税款等不良行为。因此高校要严格管控好学生隐私，与企业间签订相关协定，对学生数据不出卖、不滥用，对违反协议行为依法追究企业责任。消除学生的恐惧心理积极配合教育工作，有利于思想政治教育者收集真实有效的数据。

3. 设立思想政治教育舆情预警机制

时代的不断发展使得网络成为社会舆论的主要阵地，人们会在网上关注社会热点并发表言论。设立舆情预警机制，有利于在第一时间了解受教育者的思想变化，把握教育重点更好地进行思想政治教育。受教育者的舆情也分为不同的类型，有的是健康的舆情，有的是不利于身心发展的舆情。健康的舆情我们可以从中挖掘一些教育资源，对受教育者进行正面教育，而那些不良的舆情会影响受教育者的判断，影响他们树立正确的三观，这就需要设立舆情预警机制，对这种不良舆情要加以规范和控制。

首先，要建立信息收集机制。受教育者上网的时间在不断延长，在网上的痕迹也就越来越多，这些都能在其中挖掘出他们的思想行为变化。可以在保护受教育者隐私的前提下，对其进行监测收集和统计所有言论信息，分析他们的思想变化是否受不良舆论影响。

其次，要建立舆情监测机制。除了对受教育者日常生活信息的收集，了解其思想变化以外，还要对网络环境进行监测，对社会热点新闻和热点话题进行舆情监测，通过大数据技术分析舆论导向。创建预警机制有利于及时捕捉敏感话题和错误的思想言论，做到及时预警，以便及时提出应对措施和改变教育方向。

最后，要建立舆情研判机制。舆情研判机制是预警机制重要环节，在掌握足够数据信息的基础上，对舆情进行判断进行信息筛选。主要是对收集信息的筛选和提炼，将错误信息剔除。在舆情中找出正确且健康的舆论导向，引导受教育者树立正确的三观。

（二）超前规划信息技术在思想政治教育中的应用设计

1. 盯紧时代，与科技进步同向

2020年全球智慧教育大会在京召开，会议围绕人工智能对未来教育的影响和挑战等前沿议题进行了深入研究，预示着教育智慧化新阶段的开启。5G网络的落地，推动了人工智能和新媒体的快速发展，促进了人类生活方式的组会、智能发展，面对科学技术的突飞猛进，思想政治教育只有把握科技前沿，顺应时代的潮流，才能更好满足受教育者知识获取渠道移动化、智慧化和可视化的新需求。

推进思想政治教育创新创优，一方面，要紧跟科技进步，把握科技发展大势。当前，人类已进入智慧发展的新时代，思想政治教育工作者要时刻关注网络传输、新媒体传播和人工智能技术的发展动向，把了解新技术、学习新技术、精通新技术作为职业生涯规划和能力提升的重要组成部分，关注并把握网络新媒体和人工智能技术应用的新趋势。另一方面，要树立终身学习理念，学会深度学习。科技突飞猛进的新时代，知识更新已成为顺应时代发展的第一要务。思想政治教育工作者要想有效运用新技术，发挥新技术赋能思想政治教育的作用，就必须具备深度学习的能力，这样才能通过快速地学习，迅速提高自身的网络和媒介素养及应用能力，才能更好地推进大数据、算法、人工智能等数字技术以及VR、AR、3D、4K、三维仿真等传播技术与思想政治教育的深度聚合，发挥1+1>2的聚合效应，构建集教育管理与服务于一体的思想政治教育智慧化平台。

2. 顺应大势，与教育发展同向

步入新时期，数据以一种新的方式被运用，数据所体现出的价值，所带来的变革，正在改变这个世界的运行方式。有人大胆地预测大数据将为思想政治教育带来革命性的变化，教育与教育智慧化必然会同向发展。教育与教育智慧化要紧跟信息技术发展潮流，就要加快培养适应网络社会发展的高素质思想政治教育创新型人才，改革教育教学范式；就要用人类文明优秀成果滋养网络空间，推进网络伦理和文明建设；就要加大创新平台和创新团队的建设，加大信息技术的投入力度，不断提升科研创新能力。此外，还要完善相关的管理机制，加强思想政治教育资源整合，在传统思想政治教育的基础上，完善思想政治教育智慧化体系。教育智慧化已经成为新型教育模式。比如革新学生的学习模式、教师的教学模式、教育政策制定的方式与方法、教育环境的设计、教育实验场景的布置、教育时空的变化、学习场景的变革、教育管理数据的采集和决策等。这些过去靠理念灵感和经验的东西，在大数据、人工智能的背景下，变成了一种数据支撑的行为科学。

3. 贴近对象，与学生需求同向

构建教育智慧化平台，要与受教育者的需求同向。

一是构建智慧化平台要与受教育者学习需求同向。打造智慧化课程平台，实现在线课堂互动与受教育者的课程评价系统等相关数据共享互通。并利用智慧化课程平台分析出受教育者学习的轨迹数据，智能化的收集、搜索与受教育者当前知识技能水平相适应的课程学习资源和思想政治教育相关资讯，自动推送到他们的手机终端，实现个性化学习的需求。打造智慧化资源平台，在全面整合用户数据的基础上，运用算法技术，通过平台查询其想要了解国家大事、政策法规、时事热点的需求，内容要相对全面，将枯燥的内容变成有声文字，或是短视频截取放入软件当中，可以解放双手，满足受教育者随时随地想要了解时事热点和查阅资料的需求。

二是构建智慧化平台要与受教育者生活需求同向。打造智慧化交流平台，鼓励受教育者通过平台大胆地发表出自己的意见、看法和诉求，提高他们主动提出问题的能力。加强课外活动，如组织关于思想政治教育的短视频制作大赛和动漫宣传海报的制作大赛，在制作的过程中参与者必须大量查阅相关资料和信息进行制作或剪辑，了解相关知识。这既能使受教育者对思想政治的学习有更深入的理解，还能贴近受教育者需求，加深其对思想政治教育的学习兴趣。打造智慧化娱乐平台，通过与大型互联网公司进行合作，制作出新型的符合受教育者现实需求的软件，做成类似于游戏通关的学习模式，在看书或是学习、工作劳累的时候可以玩上几关，这样既满足了人们对娱乐活动的需求，又满足了能够让其在娱乐中学习到知识的需求，这种寓教于乐的学习方式能够加深受教育者对知识学习的记忆。

第三节 "互联网+"思想政治教育的实践探索

"互联网+"已然成为新的时代背景，因此，在新时期对思想政治教育路径创新进行研究，就要进一步就"互联网+"思想政治教育进行实践探索，从而切实提升思想政治教育的实效性与针对性。

一、"互联网+"思想政治教育的基本问题

（一）互联网的发展与"互联网+"的概述

"互联网+"作为互联网与各行各业深度融合的产物，在社会发展中逐步显现出超越传统行业的优势。而它的持续推进离不开我国互联网的发展，其概念的

提出更是脱胎于互联网先进技术。

1. 我国互联网的发展历程

对"互联网+"进行寻根溯源，就必须要了解互联网的发展历程。

1984年到1993年是互联网的萌芽阶段。在1984年首次实现了通过互联网进行大规模的数据信息交流。美国"惠多网"（英文简称Fido Net）成为严格意义上的网络，即BBS网络（世界首创），它主要是通过点对点的传播方式，用户可以通过电话网络实现信件的转发。1991年，CFido在中国的开通为中国互联网的发展送来萌芽。

1994年到1997年是互联网扎根阶段。在互联网扎根期间，互联网总体用户体量非常少，全世界用户数不足30万。中国互联网的起点代表是早期建立的BBS和门户网站。在大多数人通过收看"新闻联播"等传统媒体获取信息的时代，互联网的出现无疑非常具有吸引力。在1998年之前，国内网民人数较少，根据《第一次中国互联网络发展状况统计报告》数据显示，1997年10月我国的拨号上网用户较少，约47万人，并且在该阶段，对网上服务需求较少，大多数是进行软件的下载。1998年到2001年是互联网在中国发展的第一波潮流。

1998年到2001年互联网进入空前发展阶段，互联网用户实际数量与使用规模发展迅速，呈现井喷状态，用户数量逐步超过2000万人次。1998年，以比尔盖茨为核心的研发团队发布了Windows98计算机应用操作系统。该系统首次安装在计算机中，就相当于为计算机提供了一个能够思考的大脑，随着该软件的应用，Internet就出现了严格意义上的版本标准。随着微软公司不断对操作系统进行优化升级，无论是更新速度还是应用手法都逐渐人性化，这样方便了更多的用户进入互联网展开搜索应用。与此同时，我国大多数省份都开始对ISDN进行布点开网，极大地促进了互联网的快速蔓延。

1998年成为了早期中国互联网发展的里程碑节点，中国互联网在此时得到广泛认可，其发展速度也超出了人们的想象。此后几年，互联网使用率以倍速增长。

互联网用户从2001年开始进一步增长，互联网成为信息交汇的重要平台。同时出现了百度、hao123、番茄花园、淘宝以及各种网络页游。一系列的新变化为互联网吸引了更多新用户，流量逐渐成为互联网行业关注的焦点。2005年到2009年被称为Web2.0时代。此时的互联网用户体量已经增长到3.84亿，开发出越来越多的新型软件产品，如网易博客、QQ、哔哩哔哩、土豆网。Web2.0就是根据用户需求而生成的互联网产品方式和结构，是Web1.0版本的基础上的优化升级，是在互联网创作理念、组成体系、搜索模式等方面的升级换代，该网络模式在互联网世界逐步得到推广，被越来越多的用户所青睐。Web1.0版本缺点或者说局限性就是数据信息资源是由网站到用户的单向进行。而 Web2.0 版本弥补 web1.0 的缺憾，它采用自下而上的信息模式，通过信息集合的方式，把登录或浏览用户的编辑内容和智慧集中起来建立完整的互联网体系。用户在使用互联网时会根据自身需求和愿望进行选取，极大增强了自主权，这样互联网用户的使用量会因此大幅度突破，使互联网的推广产生了更大的可能性。

在这一时期内，互联网中用户的话语权越来越凸显。在此之前，互联网信息的传播模式通常为一对一，而此时多对一的形式得到广泛应用，这样的信息分发形式更有利于用户快速获取所需信息。即在信息传送的互联网世界中，用户意见、大众心声、舆论力量逐渐上升为主导力量，甚至起着可以引领主流媒体的作用。毋庸置疑互联网将成为引领世界的主流，生态互联网系统逐步走向全部开放。

2009 年到 2013 年是自媒体时代的开始，也是我国现代互联网生态高速发展的阶段。互联网时代软件与 APP 层出不穷，QQ、微博、微信、支付宝等各类 APP 就是其中的代表。此外，苹果公司发布基于 iPhone 的 3G 系列套餐、Google 正式对外宣布开放自身旗下一些 Android 操作系统，宣告移动互联网时代的到来。而此时的互联网用户体量已经达到 6.18 亿。

从 2009 年至今，中国互联网发展到一个新的高度——移动互联网时代。在移动互联网业务开启之后，互联网的利用率进一步提升，手机上网成为我国国民的常态。移动互联网的应用极大地方便了用户搜索信息和相互交流。

进入到 2013 年之后，我国互联网用户已经趋于饱和，增速较之前有所放缓。即便如此，2013 年到 2020 年这一阶段，我国互联网的用户数量仍然不断上涨，互联网使用普及率日益增高。

2. "互联网+" 的概念

互联网是一种通过技术手段使计算机终端、有线网络互联终端、无线网络互联终端、移动网络互联终端等互联的网络。"互联网+" 则是依托互联网技术，发挥互联网优势，实现 "互联网+传统产业"，使二者深入融合，用信息流带动物质流，用先进技术带动落后产业，形成经济发展新形态。"互联网+" 中的关键词是互联网，它是一切的前提和出发点。

"互联网+" 中的 "+" 通常被理解为一种连接，将互联网作为基础设施和信息技术工具，通过与其他行业的连接，形成一种化学反应。这种连接，可以是不同经济领域的连接，也可以是不同生产方式的连接，从而达到深度融合的效果。有学者将 "互联网+" 中的 "+" 进行拓展，认为它代表了 "加减乘除"，"加法" 在于增加实践的广度和深度，"减法" 在于淘汰落后产能、简化流程，"乘法" 在于加大创新驱动，"除法" 在于简政放权、深化改革，不断创新。还有很多学者对"互联网+"中的"+"赋予了实际内涵,例如将"+"浅层理解为连接,深层理解为人工智能。

3. "互联网+"的特征

"互联网+"并不是意味着只要互联网与其他产业简单的相加就可行,而是通过信息通信技术及互联网平台,使互联网与传统行业进行深度融合,进一步创造出新的发展生态。在电子商务、在线医疗、工业互联网等方面"互联网+"都表现出非比寻常的优势。2020年我国在应对新型冠状病毒疫情带来的应急医疗物资生产调配的巨大挑战时,工业互联网快速精准地将供给侧与需求侧信息数据进行对接,有效地提高了紧急状态下应急物资的配置速率,大幅提升了国家在处理重大公共卫生事件及其他紧急状况时的应急能力。而工业互联网正是制造业与新一代网络信息技术深度融合的产物,即"互联网+"制造业。"互联网+"形态的种种优势与其特征密不可分。本书将"互联网+"的特征归纳为以下七点:

一是具有跨界融合的特点。"互联网+"是跨界的产物,也是产业的变革与开放,更是产业的重塑与融合。通过跨界,将不同的产业联结,促使创新的基础更加坚实,同时在协同发展、调整融合中,促进群体智慧的实现,加快了从研发到产业化路径的对接。产业之间的融合同时也是身份上的融合,是开创者与应用者之间身份相结合。如逐步发展与完善中的网上政务正是互联网与政务服务的有机结合,即提升了政府行政服务的效率,又便捷了人民群众的事务办理。在新冠肺炎疫情防控期间,各地政府纷纷采取这种"无接触式"办公,努力实现"政务服务不打烊,网上办事不停歇"。

二是具有创新驱动的特点。"互联网+"是在传统产业的基础上进行创新,通过发展方式的变革,开创出一条新的发展模式。在当今供给侧与需求侧结构性改革的发展中,传统的资源型经济增长方式已经不适应时代进步的要求,依靠创新驱动发展成为我国社会转型发展的重要渠道。"互联网+"作为科技创新的产物,在我国经济发展中具有战略意义,它与各行各业进行的创新发展生态,成为我国全面提升综合国力的重要支撑。

三是具有重塑结构的特点。随着信息技术的不断发展,世界的结构也在不断地发生改变。而"互联网+"的应用恰是重塑结构的最佳时机,通过行业之间的深入合作所形成的新事务,如区块链、5G等一大批新型的数字技术已逐步融入社会的各个层面,数字化、网络化和智能化的新生态变革对传统的社会经济体系和社会格局带来了巨大的变革与重塑。"智能城市"的发展正在推进中国特色社会主义道路的进程中发挥着重要作用。

四是具有聚焦人文的特点。从某种意义上说,绝大多数的互联网内容都源自于民间。在互联网中人人都是信息的发出者和接收者，而"互联网+"生态更是将个人的价值发挥到一个新的高度。抖音、快手等APP的应用充分显示出"互联网+"背景下自媒体经济的蓬勃发展，每个人都能成为其中的主播，并拥有自己的观众，拥有自己的价值体现。

五是具有动态开放的特点。"互联网+"是一个网络技术与其他行业相结合所形成的生态体系，这种生态体系就是一个动态开放的过程。因此想要促进其发展，就要联系原先相互独立的小规模的创新活动，以市场需要为驱动力，实现互联网与其他产业融合的动态平衡。

六是具有无限连接的特点。"互联网+"不同于互联网，它不仅能够连接信息，而且能够实现国与国、人与人、人与物之间的实时连接。通过突破时空的阻隔，将全世界的信息内容实时交互，拉近了世界的距离，又扩大了连接的边界，使每个人都能够成为世界的中心。同时，可以将经济中的资源、人脉等信息实时对等连接，更好地实现优化配置的作用。当所需要的信息能够实时、便捷、无障碍地传递到用户手中时，经济实体也将会发挥出最大的效用。

七是具有法治需求的特点。自媒体时代的到来和网络生活匿名化的特点带来了更多的社会问题亟待解决。因此，"互联网+"时代比以往任何时期都更需要日趋完善的规范体系为其提供制度保障。例如，网络作品的知识产权保护、网络行为有效追责制度、网络信息传播的监管等等方面的制度规范目前已经成为我国立法工作的重要内容。

（二）"互联网+"思想政治教育的内涵及特点

1."互联网+"思想政治教育的内涵

从互联网的发展过程中来看，可以将网络思想政治教育理解为由"思想政治教育+互联网"向"互联网+"思想政治教育转变，前者是早期将互联网视为工具、媒介、载体，互联网在网络思想政治教育中处于从属地位，对思想政治教育不会产生实质性的影响；后者是随着"互联网+"时代的到来以及信息技术的发展，推动了网络思想政治教育形成新的教育理念和教育模式，使思想政治教育发生了实质性的变化，更具时代性。

早期学界对网络思想政治教育的研究，很长一段时间都将网络视为一种工具或手段，认为网络是思想政治教育的一种新载体或者传播途径，网络与思想政治教育处于"结合"的阶段，通过网络可以更好地开展思想政治教育实践活动，更加有效地达到教育宣传的目的。然而随着互联网技术的快速发展，将网络单纯地视为思想政治教育的工具或手段已经不能满足现状，网络已经逐渐渗透到人类生活的各个领域，它可以将现实社会中的思维方式和行为活动等延伸到网络虚拟空间中，不再仅仅是一种工具性的存在，而是作为一种新的理念来改变人们以往的生活方式，同时也是思想政治教育及其构成要素的存在环境。网络与思想政治教育已由"结合"向"融合"转变，伴随着信息通信技术和互联网平台的发展，形成一种全新的教育理念和教育模式，使网络思想政治教育的发展更具时代性。因此，我们可以将新时期网络思想政治教育视为"互联网+"背景下思想政治教育，简单理解为"互联网+"思想政治教育。

"互联网+"背景下思想政治教育是将互联网与思想政治教育深度融合，这种融合不是简单地将二者相加，而是将思想政治教育置于互联网大环境下，由量变向质变转化，结合人的成长规律和思想行为特点，依托互联网平台、信息技术和"互联网+"理念，创新教育的理念思路、内容形式和方法手段，用正确的思想观念、政治观点、道德规范对人施加有目的、有计划、有组织的影响，开展双向互动的思想政治教育，有效引导人们树立社会所需的思想品德，形成健康的人生态度和正确的政治观念，具备积极向上的网络文化素养，成为能够担当民族复兴大任的时代新人，从而形成思想政治教育工作的新模式，促进思想政治教育满足时代发展的新需求。

2. "互联网+"思想政治教育的新特点

通过前文，我们已经了解了"互联网+"的主要特征，这些特征无不影响着思想政治教育。在"互联网+"背景下，思想政治教育也随着时代的发展发生了巨大的变革，呈现出新的特点。

一是"互联网+"背景下思想政治教育更加开放。传统的思想政治教育主要通过课堂教学方式进行单向传播，获取教育资源的方式较为单一、滞后，缺少互动交流的研学机会，无论在时间还是空间上都受很大约束。而在"互联网+"时代，云计算、大数据等技术使得教育信息愈加丰富，思想政治教育活动不再局限于特定的教学课堂，也不再局限于教材、报刊等书本知识，更不再局限于特定的教学时间。人们可通过云课堂、教学直播等平台随时获取广泛的教育资源，互动交流畅通，更加便捷，打破传统教育的时间和空间界限，形成全方位的网状教学结构。

二是"互联网+"背景下思想政治教育的互动性增强。现如今，人们可随时通过笔记本电脑和手机等移动设备接通互联网，获取教育资源，随时随地进行学习和互动交流。思想政治教育不仅要重视人们获得多少知识，更要重视人们的学习体验、思维培养和行为养成，让人们能够从中获取有益知识、加强自身发展，简而言之，就是重视思想政治教育的"量"与"质"均衡发展。

三是"互联网+"背景下思想政治教育的内容更加与时俱进。由于传播媒介受限，在以往开展的思想政治教育过程中可能会出现理论脱离实际的情况，导致教育内容可能出现单一落后的现象，不能更好地激发人们的学习兴趣和达到良好的教育效果。在"互联网+"背景下，打破了空间的局限，人们可以通过互联网平台迅速获取大量信息，利用大数据、云计算等新技术对思想政治教育资源进行整合，从而获取该领域的最新教育资源和研究成果，促进思想政治教育内容与时俱进。

四是，"互联网+"背景下思想政治教育工作者逐渐向综合型转变。在"互联网+"背景下，教师不仅要完成以往的理论知识教育，更要注重自身综合能力的提升，如加强专业素养、主动学习互联网应用技能、提升个人修养和魅力、探索沟通交流的艺术等，用过硬的专业素质、沟通本领引导人们坚定理想信念，树立正确的价值观，产生"平等交流、共同进步"的良好教育效果。

五是"互联网+"背景下思想政治教育受教育者的自主学习能力增强。在传统教育中，受教育模式和教育空间的影响，多数受教育者处于一种被动的学习状态。在"互联网+"背景下，人们可以充分支配自由的时间，通过互联网平台进行自主学习、自主接受教育，提升自身的主观能动性。在"互联网+"思想政治教育模式中，可以依托"互联网+"新技术创新教育平台、教育模式和教育方法，激发人们的学习兴趣，促进受教育者由被动的"抵触心理"向主动的"求知心理"转变，即由被动学习向自主学习转变，有效增强受教育者的自主学习能力。

二、"互联网+"思想政治教育的发展机遇与挑战

在网络技术飞速发展的状态下，"互联网+"给思想政治教育带来了前所未有的机遇，与此同时也提出了各种新的挑战。利用机遇、迎接挑战成为新时期思想政治教育发展所要解决的重点工程。

（一）"互联网+"思想政治教育的发展机遇

"互联网+"时代的到来，促使教育者与受教育者的关系相较于之前更加紧密。教育者不仅能在第一时间掌握受教育者的真实思想，及时把握他们的心理发展动态，而且可以充分掌握思想政治教育突破口，把握思想政治教育艺术，立即采取相关思想政治教育措施对他们予以思想引导，为日常思想政治教育实效性的提升开辟了空间。

1. 网络平台的拓展为思想政治教育开拓了新阵地

在传统思想政治教育中，受教育者的活动范围基本为家、学校、公司等实体环境。而在"互联网+"的动态性及全面覆盖性的背景下，人们在除实体环境活

动之外，更出现了在网络虚拟环境的活动，如网上浏览新闻、网上购物、网课学习，或是追剧、打游戏……因此，"互联网+"拓展了思想政治教育除报告、活动、座谈会等线下形式以外全新的网络学习平台，为传统思想政治教育方法提供新思路。

"互联网+"突破时间和空间的限制，形成了学习的"第一界点"和"第一场域"，使受教育者可以在网络平台轻松自由地选择信息，并通过匿名的方式与社会上各种人群进行思想交流，加强自己对未接触到的现实社会的了解。如移动图书馆（超星）、思想政治教育相关网站、思想政治教育公众平台（微信公众号、官方微博）等，都成为受教育者日常接受思想政治教育的新平台。在这些平台上，师生或者生生进行双向互动，教育者及时引领舆论方向，渗透社会主义核心价值观的相关理念，对受教育者进行道德教化；人们之间相互交流，得到更多正向感染。

2. 网络信息的丰富为思想政治教育提供了新动力

过去传统的思想政治教育通常采用教材、报纸杂志、电视广播等载体进行理论内容的传播，但是由于篇幅和方式的限制，教育内容呈现有限和枯燥的特征。在"互联网+"时代，互联网上丰富的信息促使受教育者无论身处何地都能够及时获取教育相关素材，教育主客体通过自己所喜爱的"微"软件获取教育资源并且以声图并茂的形式获取并传播理论内容，利于思想政治教育理论资源的进一步巩固，利于思想政治教育作用的发挥，为思想政治教育实效性的增强提供了动力。

3. 教育方法的创新为思想政治教育提供了新支撑

教学方法是教育内容的渗透、教育目标的实现和教育主客体衔接的桥梁，桥梁的合理与否是影响教学成效的重要因素。因此，在"互联网+"时代教育方法的正确选择与创新是日常思想政治教育实效性提升的保障。传统思想政治教育以理论教育、实践锻炼等方法进行。进入"互联网+"时代以来，思想政治教育方法随之拓展，出现了诸多全新的方式。例如，新时期出现了许多官方微博、官方微信公众号，人们日常浏览这些官博、官微，或是阅读一篇科普文章，或是观看一段有趣的短视频，不仅可以了解最新政策、最新动态，还能在轻松愉快的氛围中收获满满正能量，在潜移默化中接受思想政治教育。在"互联网+"的支持下，思想政治教育的方式不再是一板一眼的灌输教育，而能够以更丰富、更为人所喜爱的形式进行，易于人们接受，也大大提升了教育成效。

（二）"互联网+"思想政治教育的发展挑战

"互联网+"背景下的思想政治教育继续沿着马克思主义理论的指导进行，结合先进的互联网技术，形成信息化、智能化的教育模式，带来丰富的教育教学资源，既有力促进了思想政治教育的推进和完善，同时也为其带来了新的挑战。

1. 思想政治教育环境复杂化

"互联网+"环境下海量信息的复杂多样，使得思想政治教育环境面临新的挑战。互联网信息技术的进步，不仅仅意味着传播方式的更新换代，更意味着信息容量与速度的革新。互联网媒体具有强大的信息生产与传播能力，进一步加速了网络中信息容量的扩充。在当前网络信息零门槛、信息交互隔空的状态下，每个人都能成为个性化的自媒体。以此为背景，信息的发布非常自由，这就使网络空间中的信息越来越五花八门、庞杂凌乱。这些信息中不仅包含着有用信息，更充斥着碎片化的夸大信息以及虚假广告和垃圾推广。信息爆炸与信息污染由此而来。在"互联网+"时代，高强度的信息生产与传播能力，一方面使得社会公众获取信息的能力增强，受教育者因此能够通过网络获取更多资讯。另一方面，随着网络中公众参与度的广泛提高，加之网络信息良莠不齐，大众容易出现盲目心理，对片面认知进行夸大。而夸大后的片面认知，经过反复传播，很容易导致公众的集体认知失真以及过度反应，甚至造成了网络暴力频发。互联网的虚拟性，加剧了网络暴力事件的滋生，在自媒体平台上网络霸凌发生的频率逐年增高，很多人都深受其害。特别是受教育者中的大学生群体，他们的三观尚未完全成形，受到网络暴力的影响极易引发心理障碍和精神问题，甚至可能被网络暴力诱发的现实社会暴力所侵害。同时，由于网络监管不够完善，存在的漏洞被很多势力组织所利用，他们通过互联网制造舆论来进行恶意炒作、借题发挥，进一步加剧了互联网世界的复杂性。在这样动态开放、复杂多变的网络环境下，需要严格把控以及屏蔽不良信息，实现思想政治教育传播的正效果。在强化把关力量的同时将把关的标准明确化，增强对互联网信息传播的控制力，将思想政治话语权牢牢掌握在手中。这样才能在"互联网+"时代纷繁复杂的网络思潮下，保证思想政治教育的规范性与时效性。

2. 传统教育方式受到挑战

"互联网+"的广泛应用使得传统单向灌输的教育方式丧失竞争力。网络在思想政治教育中的应用越来越广泛。互联网以其扁平化的信息传播模式，拓宽了传播的时空界限，方便快捷的互联网移动终端能够提供给受教育者随时随地获取知识的途径。通过互联网，人们可以开阔视野，增长见识，从而在不断学习中，逐步形成自己独特的思维方式与价值判断。而传统的思想政治教育传播往往是严肃而权威的，这种高度的规范与论道方式，在网络的对比下逐渐显得苍白无力。特别是从小就在互联网环境熏陶下的当代学生对于单纯枯燥的讲述式教学无法更好地产生共鸣。因此，要关注受教育者对传播思想政治教育传播内容的回应，及时调整教育教学模式。思想政治教育工作者要更加关注网络平台的重要性，要将网络与教学相结合。

思想政治教育工作者的主导性地位也面临挑战。在"互联网+"时代，受教育者获取信息便捷化的特征导致思想政治教育工作者可能在渗透教育过程中出现一种尴尬局面，即他们所使用的教育案例对受教育者而言早已耳闻，并且没有值得关注的创新观点，甚至存在受教育者获取的信息与教育主体所传播信息相左的现象。倘若受教育者在网络上接受到的信息同教育主体在日常生活中所传输的信息存在矛盾（矛盾主要源自教育主体缺乏对信息获取的及时性、受教育者以自我尚未形成的正确观念接受错误信息等），这将引起受教育者的质疑并产生与自己所接受观点相冲突的情绪以及对教育者的不信任和不依赖的情感，如此将直接影响教育主体的权威性，造成教育主体已有的感染力和亲和力瞬间崩塌，其在教育过程中的主导必然弱化，并且阻碍思想政治教育的正常进行，影响其实效性的实现和提升。同时我们也要注意到，思想政治教育工作者大都经验丰富，在长期的思想政治教育教学过程中，他们逐步形成了自己特有的教育教学方法，然而随着互联网与思想政治教育的深度结合，这些思想政治教育工作者的观念也受到冲击，同时，他们也需要不断学习，紧跟时代脚步，进一步创新自己的教育教学方式。

3. "互联网+"与思想政治教育的融合尚需完善

随着我国智能城市的构建，"互联网+"生态体现出了越来越重要的趋势。"互联网+"已经在各个行业如火如荼地开展起来。但是，我国目前思想政治教育与"互联网+"的融合发展仍然存在不足。

第一，虽然在思想政治教育工作开展当中，也尝试着引入"互联网+"内容，改进了传统的思想政治教育方法和手段，但是改变的幅度并不是很大，只是简单地涉及互联网领域，思想政治教育的内容仍显得十分枯燥乏味。在日新月异的"互联网+"时代，我们应当深入创新思想政治教育模式，综合运用各种等不同形式（如短视频等），开展相关活动，培养受教育者良好的思想道德素质和正确行为认知，然而就目前"互联网+"思想政治教育发展来看，仍存在着形式单一，内容乏味等问题。

第二，虽然不少官方纷纷开通了思想政治教育公众号，增设了网络教育平台等，但是在公众号上发布的内容形式单一，仍然以大量文字的形式呈现出来，使得传统思想政治教育的内容只是将讲授法变成文字展示方法呈现，还是没有办法吸引到人们的学习积极性和参与热情，导致受教育者虽然关注了公众号、网络平台，却对其内容"看不下去"，甚至根本没兴趣点开。已经构建起的网络平台，有的内容长时间得不到更新，或未深入结合思想政治的具体教学内容，与国际国内最新时政相连接，存在滞后性，看似已经融合，实际上还是处于未充分融合的情况，无法发挥互联网在思想政治教育过程中的效能。

三、"互联网+"思想政治教育的实践路径

"互联网+"时代背景下，在思政教育工作当中，网络产生了十分关键的推动作用，也是其创新的重要源泉和动力。由上可知，在当前互联网技术与思政教育发展过程当中仍然存在着一定的问题，需要采取针对性的措施来解决这些问题，增强思政教育当中互联网应用的成效。

（一）优化"互联网+"思想政治教育的环境

新时期，互联网的覆盖面已经变得越来越广泛，受众变得更多，影响范围不断扩大，互联网已然成为十分关键的思想阵地。互联网上同时出现了一些比较多的"黄色文化""黑色文化"等消极因素。在"互联网+"时代，创新思想政治教育形式和内容本就是十分紧迫的需要，思政教育工作者应当主动出击，发挥社会主义核心价值观的引领作用，消除外来文化所带来的负面影响，抵御国内外敌对势力对于中国的不良影响，使受教育者可以享受到更加健康和丰富的思想文化教育。这些目标想要达成的重要前提，就是要先对思想政治教育的环境进行优化，让思想政治教育可以真正达到"润物细无声"的良好效果。

思想政治教育环境的风清气正可以有效引导受教育者选择积极信息，避免"误入歧途"。随着"互联网+"时代的到来，人们为自己找到了避风的"港口"，在网络上匿名的情绪宣泄、沉浸于无尽的网络游戏等为他们提供了隐秘的私人空间。因此，我们应当建设自身独具特色的工作交流平台，为受教育者提供答疑解惑的场所，以保持思想政治教育的科学性，充分运用自身平台优势并与传统媒体相结合，向人们传播科学价值观念，帮助养成良好思想品德、树立正确政治观点和道德观念。同时，平台要充分掌握话语权，引导学生在网络空间完成接受信息、内化信息和传播信息的程序。"互联网+"时代，信息传播的去中心化使人们接受信息的渠道日渐增多，也因此，思想政治教育话语权显得尤为重要，话语权的掌握是环境清朗的重要保障。

（二）提高"互联网+"思想政治教育的认识

互联网进入中国以来，许多教师、学者都开始关注与思想政治教育的融合，但"互联网+"思想政治教育的重视程度以及现实中的运用仍存在较多问题，有待进一步完善。

第一，加强对"互联网+"思政教育的政策支持和资金帮助。开展一系列相

关互联网平台建设是一个系统工程，而后期运营、更新也是需要大量资金的投入。为提高互联网在思政教育中的实际意义，增加其教育效率，我们应当不吝于为其提供强有力的资金支持，将其纳入相关经费预算之中，同时也要根据互联网的发展特点，利用其他企业对受教育群体潜在的需求，充分挖掘开展"互联网+"思想政治教育给企业带来的经济利益，争取到企业的资金支持，从而更好地开展"互联网+"思想政治教育。

第二，提高对于互联网在思想政治教育的强有力推手作用的认识，增强开展"互联网+"思想政治教育的意识。目前，大部分思政教育的负责团队仍然停留在旧一代的教育模式中，缺乏对"互联网+"思想政治教育知识的系统性学习，甚至没有开展过"互联网+"思想政治教育的相关研究，对于思想政治教育仍停在传统教育教学模式上，没有满足人们实际需求。对此，思想政治教育工作者要加强对相关知识的系统性学习，转变教育理念，增加利用互联网进行思想政治教育的次数，了解受教育者在互联网上的思想观念变化和行为变化等情况，提高警惕，及时发现受教育者存在的心理问题，亡羊补牢，引导其形成正确的三观，促进其未来发展及国家的发展。

第三，重视互联网资源。开展思想政治教育工作的根本任务就是育人，利用互联网开展思政教育，需要考虑受教育者自身的需求，据此为其提供相应的帮助，促进人的全面健康发展。

（三）提升"互联网+"思想政治教育创新性

在"互联网+"时代，思想政治教育工作者应充分发挥网络的重要作用，不仅将网络其作为一种教学工具，更是将思想政治理论课拓展到网络空间中，开设符合时代特点、满足受教育者需求的"在线课堂"，与受教育者形成平等、互动、共享的全新教学模式，加大教学内容的深度，拓展受教育者思维的广度。

现如今，4G网络已发展成熟，5G网络也已全线就位，即将开启。受教育者可以更加便利地通过笔记本电脑、手机等移动设备随时随地联通网络获取最新信息、阐述个人观点、查阅学习资料等。思想政治教育工作者要充分掌握受教育者的成长特点和行为习惯，合理运用新媒体新技术建立更具时代性和吸引力的网络在线教育平台，以受教育者为中心，强化受教育者的主动参与性，使思想政治理论课教育效果显著。

在思想政治理论课"在线课堂"中，思想政治教育工作者可以以声音、图片、文字等多种形式不断丰富教育资源库，通过了解教育者的思想变化和个性化需求，灵活调整教学方案，开展教学活动。与此同时教师也在不断地进行自我完善，以能够更加有效地完成教学任务。受教育者通过"在线课堂"随时随地获取教师提供的教育资源，并根据自身学习情况进行个性化学习安排；也可以通过在线学习平台的互动功能即时与老师和同学在线交流讨论、发表个人观点，提高自身学习的主动性。教育资源库包含了慕课、钉钉在线课堂等多种在线教学平台，以及平台中的所有思想政治理论课教育资料。这种思想政治教育的创新打破了地域限制，扩大了教育对象范围，实现了教育资源共享的目的。

（四）丰富"互联网+"思想政治教育的内容

1. 大力开展网络平台相关的思想政治教育工作

"互联网+"时代开展思想政治教育，就是要更好地利用好网络育人这一教育途径。

首先，借助于互联网让受教育者接受理想信念教育。理想信念是人们思想行动的"总开关"。要通过借助互联网当中丰富的素材开展理想信念教育，避免受教育者在上网的过程当中，受到不良思想的侵蚀。要分析一些最新的、符合理想信念教育的典型案例，提高受教育者辨别是非曲直能力，促进自身理论提高，指导实践行为能力的提升，使其学会理性地看待互联网上的一些观点。

其次，开展"互联网+"思想政治教育应注重针对受教育者在互联网中出现的问题开展分析，着重分析自我主义、享乐主义等相关问题出现的原因，让其认识到正确的是非判断标准，帮助其正确认识世界，认识自我，帮助其进行自我价值建构，促进其自身的发展。

最后，针对互联网当中出现的一些资本主义腐朽文化对人们价值观念和行为带来的冲击，需要进一步强化社会主义核心价值观教育，最大限度纠正不良价值观带来的各种影响。可以通过互联网技术，使用典型的案例对价值观进行引导，做好文化传承，让受教育者自觉成为社会主义核心价值观的坚定信仰者、积极传播者、忠实实践者，坚定文化自信。

2. 增加道德与法制观念教育

第一，加强网络道德规范教育。要借助互联网资源，让大学生了解并遵从新时代倡导的道德标准。网络并非法外之地，即便在网络中，人们也要谨慎发言，讲诚信、守规矩，杜绝传播一些虚假信息和不良信息。还同时需要开展网络伦理教育，引导人们遵循网络环境当中一些基本的伦理要求，以社会主义核心价值观为判断依据，提高信息识别和判断能力，增强文化自信。

第二，增强法制观念教育。要强化受教育者在互联网上尊法守法的意识，基于我国目前的互联网相关法律，不断引导人们自觉遵纪守法，切实增强法律意识；同时可以引入互联网上经典的案例资料，向人们讲解违法案例和涉及的法律理论知识，提高其自身法律修养，真正做一名合格的互联网使用者。

（五）强化"互联网+"思想政治教育平台管理机制

在"互联网+"与思想政治教育深度融合的过程中，丰富的教育内容、创新的教育方式、开放的教育环境等优势极大提升了受教育者对思想政治教育的接受度和认同感。但网络是一把"双刃剑"，在面对开放、自由的网络平台条件下，仅仅通过该平台开展思想政治教育显然是行不通的，需要结合"互联网+"时代特点，依托互联网平台和大数据、云计算等信息技术，加强对思想政治教育网络平台的监管力度以及网络平台舆论的正向引导，并形成完善的管理机制，才能为受教育者积极参与到思想政治教育网络平台中提供有力的保障。

1. 建立健全思想政治教育网络平台监管制度

在"互联网+"时代，要大力加强网络平台的监管力度，才能为顺利开展思想政治教育提供有力的保障。在网络教育平台中，网络环境对人的塑造是潜移默化的，在不断深入内心的同时外化其行为。此外，网络环境对思想政治教育的影响也是较为直观的，良好的思想政治教育环境往往能够事半功倍地达到教育目的，对受教育者来说具有价值引导、行为规范和强化理解的作用，对人们的道德规范、法律素养、价值观念和政治觉悟的培养具有积极的促进作用。这也就决定了在"互联网+"背景下开展思想政治教育时，要不断强化网络平台的管理机制，建立健全网络平台监管制度。

一方面，要加强对思想政治教育网络平台内容的监管。感官上的刺激和猎奇心理往往会促使人们追逐新事物，思想政治教育网络平台不能为博取人们的眼球而降低教育的标准，这就需要利用互联网信息技术对思想政治教育平台把好关，对那些吸引人们关注的热点事件、引起激烈讨论的焦点内容进行严格甄别，对其中的不良信息要第一时间消除，确保受教育者的思想认识没有受到不良信息的干扰，做好第一道防线工作。另一方面，要加强对受教育者在思想政治教育网络平台中的行为监管。在网络平台的使用过程中，要持续吸引大学生积极参与其中，就需要充分了解不同时期大学生的关注点和兴趣点所在，从而及时把握思想政治教育网络平台的发展方向，充分开发和整合优质的教育资源来有针对性地开展思想政治教育，吸引受教育者主动使用网络平台获取教育资源，进一步激发他们的学习热情，加强学习的主动性。

2. 建立健全思想政治教育网络平台舆论引导制度

互联网技术的发展使信息传播极为快速并且影响范围极为广泛，对于受众者来说信息的真伪性仍需一定的时间才可以辨别。当"三人成虎"在信息高速传播过程中成为受众眼中的真相时，原本的事实真相如果没有进行科学系统的考究，就有石沉大海的可能。一个热点事件或问题发展的各个阶段会受到诸多因素的制约和影响，往往可能形成不正确的舆论导向，这极易对受教育者产生误导，甚至导致他们的思想观念发生扭曲，政治立场发生偏差，行为举动过于偏激等，因此，建立健全"互联网+"背景下思想政治教育网络平台的舆论引导制度至关重要。

网络舆情是网络舆论引导的基础，思想政治教育工作者要准确把握网络舆情的萌芽、形成和发展规律，进而能够更加有效地应对网络舆情，积极做好网络舆论引导。对于网络平台中积极健康的舆情，要做好正面宣传和报道工作，形成示范典型并寻求推广传播的有效途径；对于网络平台中消极的不实舆情，做好应对方案，系统地分析和把握舆情的发展情况，对各个阶段采取有针对性的止损措施，避免事情的进一步恶化。要做到第一时间辟谣，反馈事件的本质和发展过程。思想政治教育工作者要在舆情发生后积极抢占网络话语权，正确引导大学生群体网络舆论的发展方向，帮助他们对网络舆情作出客观的认识和分析。同时，思想政治教育工作者要明确网络舆论引导并不意味着说空话、套话，而是要贴近学生学习生活实际，了解学生对问题的个性化观点和看法，在此基础上主动占领网络舆论话语权，用真实可靠的内容对网络舆论进行正向引导，引导学生自发地正确看待舆情的本质，努力将大学生思想政治教育做到既有温度、又有深度。

参 考 文 献

[1] 李璐璐，何桂美. 关于中华优秀传统文化融入高校思想政治教育的思考 [J]. 学校党建与思想教育，2022（04）：85-87.

[2] 方瑞. 红色文化融入高校思想政治教育的理路探究 [J]. 安康学院学报，2022，34（01）：37-40.

[3] 李沐潼. 中国优秀传统文化融入大学生思想政治教育研究 [J]. 文化产业，2022（05）：123-125.

[4] 苏伟，杨学丽，郝文艺. 思政课程与课程思政协同育人研究 [J]. 大庆社会科学，2022（01）：128-131.

[5] 郑洁. 大数据时代高校思想政治教育创新研究 [J]. 吕梁学院学报，2022，12（01）：70-72.

[6] 白利军. 中国共产党高校思想政治教育百年经验及其当代启示 [J]. 渭南师范学院学报，2022，37（02）：1-10.

[7] 吕帆. 新时期思想政治教育的价值意蕴及实践 [J]. 现代商贸工业，2022，43（03）：186-187.

[8] 鲍中义. 高校网络思想政治教育的发展历程、原则与进路 [J]. 学校党建与思想教育，2022（03）：77-80.

[9] 陈庆. 新时代高校思想政治教育工作一体化体系建构探析 [J]. 佳木斯职业学院学报，2022，38（02）：31-34.

[10] 尚真真，黄海深，朱为菊. 新时代大学生思想政治教育工作开展的策略探究 [J]. 现代职业教育，2022（06）：7-9.

[11] 李妍，王艺彤. 新时代高校思想政治教育以文化人问题研究 [J]. 公关世界，2022（02）：92-93.

[12] 王艺彤，李妍. 中华优秀传统文化融入大学生思想政治教育的路径研究 [J]. 公关世界，2022（02）：131-132.

[13] 黄国灿. 新时代高校思想政治教育的困境与优化路径 [J]. 高校后勤研究，2022（01）：55-57.

[14] 王巍儒."互联网+教育"视角下高校思想政治理论课教学改革的思考 [J]. 黄河·黄土·黄种人，2022（01）：48-49.

[15] 李晓娟."互联网+"背景下高校思想政治教育实效性的提升途径探索 [J]. 食品研究与开发，2022，43（01）：234.

[16] 朱建. 高校思想政治教育实践育人的机制创新研究 [J]. 湖北开放职业学院学报，2021，34（24）：7-8.

[17] 张竞水. 新时代大学生思想政治教育质量提升路径 [J]. 湖北开放职业学院学报，2021，34（24）：72-74.

[18] 孙军伟. 当代思想政治教育育人体系建设纵论 [J]. 中学政治教学参考，2021（48）：98.

[19] 张文涛."三全育人"视域的思想政治教育新逻辑 [J]. 中学政治教学参考，2021（47）：107.

[20] 谢菡菡，钟启春. 新时代高校思想政治教育的价值引领 [J]. 大学，2021（48）：119-121.

[21] 王磊，王建洲. 新时代高校思想政治教育智慧化探析 [J]. 学校党建与思想教育，2021（23）：74-76.

[22] 王宁. 高校思想政治教育全方位协同育人的策略 [J]. 教师，2021（34）：5-6.

[23] 周芳检，姚厚胜，唐森树. 新时代背景下高校思想政治教育途径创新研究 [J]. 教育观察，2021，10（45）：33-36.

[24] 李奕安. 新时代高校思想政治教育的创新发展研究 [J]. 时代报告，2021（11）：26-27.

[25] 代羽."互联网+思想政治教育"创新策略选择研究 [J]. 黑龙江教育（理论与实践），2021（11）：31-33.

[26] 郝佳婧. 高校思想政治教育文化育人研究 [J]. 牡丹江教育学院学报，2021（10）：24-27.

[27] 张娜. 新时代高校思想政治教育"三全育人"的思考与探讨 [J]. 天津职业院校联合学报，2021，23（10）：84-88.

[28] 陈荣光."互联网+"背景下高职思想政治教育面对的挑战及应对策略 [J]. 延边教育学院学报，2021，35（05）：137-139.

[29] 宋友文. 思想政治教育发展的历史逻辑、理论逻辑和实践逻辑 [J]. 教学与研究，2021（10）：76-83.

[30] 代雷. 高校思想政治理论教育课程体系建设研究 [J]. 黑河学院学报，2021，12（09）：101-103.